Oberbayern erfahren

Im malerischen Dörfchen Wiechs (Tour 23)

Bernhard Irlinger

OBERBAYERN erfahren

30 abwechslungsreiche Radtouren zu sehenswerten Städten, kulturellen Highlights und landschaftlichen Höhepunkten

BRUCKMANN

Die prächtige Hofkirche in Neuburg an der Donau (Tour 2)

Inhalt

ZWISCHEN LECH UND ISARTAL

Die barocke Pfarrkirche überragt den Marienplatz in Weilheim (Tour 10).

ZWISCHEN ISAR UND INN

Über den Starnberger See geht der Blick nach Starnberg (Tour 17).

Die Burg von Tittmoning beherbergt interessante Ausstellungen (Tour 29).

IM CHIEMGAU

Einführung

Oberbayern erfahren

Radfahren in Oberbayern, das ist immer eine grandiose Mischung aus herrlichen Weitblicken und beschaulichen Nahblicken, aus stiller Natur, sprudelnder Lebensfreude und Jahrtausende zurückreichender Geschichte. Und Oberbayern ist natürlich vielfältiger, als so mancher denkt. Denn auch der Norden der Region an der Donau und ihren Zuflüssen begeistert mit abwechslungsreichen Touren, die ganz neue Eindrücke vermitteln. Am Weg liegen Burgen und Schlösser, Klöster und Museen. Und malerische Altstädte beleuchten das Leben in vergangenen Zeiten. Oftmals hat man die Qual der Wahl zwischen zahlreichen gemütlichen Gasthöfen und schattigen Biergärten.

Selbstverständlich kommt auch der Naturliebhaber in Oberbayern auf seine Kosten. Viele Wege folgen dem Lauf beschaulicher Flüsse oder führen uns durch geheimnisvolle Moorlandschaften. Stille Seen, auf denen sich der Himmel spiegelt, erfreuen das Auge. Am Himmel kreisen Greifvögel, im Sumpfland machen sich Störche und Reiher die Füße nass und auf extensiv genutzten Grasflächen finden die selten gewordenen Wiesenbrüter wieder eine neue Heimat. All diese offensichtlichen und verborgenen Schönheiten Oberbayerns lassen sich mit dem Rad hervorragend erkunden. Und dies natürlich am besten mit ganz viel Zeit und ohne jeglichen Stress.

Am Ostufer des Starnberger Sees lässt sich herrlich baden und einkehren (Tour 17).

Unterhalb von Gaißach geht es durch stille Moorlandschaften (Tour 20).

Die Tourenauswahl

Zwischen dem Lech im Westen und der Salzach im Osten, zwischen den Alpen im Süden und dem Altmühltal im Norden führen die ausgewählten Touren durch die abwechslungsreichen Landschaften Oberbayerns. Die Runden sind in die drei unterschiedlichen Kategorien Sehenswürdigkeiten, Stadtspaziergang und Naturparadies eingeteilt, um einen schnellen Überblick über die Hauptattraktionen zu gewähren. Aber natürlich bieten alle beschriebenen Routen zahlreiche landschaftliche Highlights und kulturelle Sehenswürdigkeiten.

Die Touren sind von der Länge und den Anforderungen her so konzipiert, dass sie keine allzu großen Anforderungen an den Genussradler stellen. Will man aber alle Facetten des meist recht hügeligen Oberbayern erkunden, lassen sich kürzere Anstiege auf den meisten Touren nicht vermeiden. Wem doch einmal ein Berg zu steil ist, dem sollte kein Zacken aus der Bikerkrone brechen, wenn er das Rad über ein kurzes Steilstück schiebt. Besonderer Wert wurde darauf gelegt, dass die Touren möglichst auf verkehrsarmen oder verkehrsfreien Wegen verlaufen. Die Radwegbeschilderung wird von Jahr zu Jahr besser. Trotzdem fehlt so manches Mal an entscheidender Stelle ein Wegweiser oder ein »netter« Zeitgenosse hat das Schild in die falsche Richtung gedreht. Deshalb wurde besonderer Wert auf eine möglichst exakte Wegbeschreibung gelegt. Die Längen der Touren und die Höhenangaben wurden allesamt mit einem GPS-Gerät ermittelt. Die Fahrzeiten können natürlich von Biker zu Biker stark variieren. Im Buch wurde mit einer gemütlichen Durchschnittsgeschwindigkeit von 12 km/h kalkuliert. Sind vermehrt Anstie-

ge zu überwinden, wurden diese extra berücksichtigt. Trotz der relativ geringen Fahrzeiten kann man mit den beschriebenen Touren einen ganzen Tag problemlos ausfüllen. An den Wegen liegen zahlreiche Sehenswürdigkeiten und Städte, die ausgiebig erkundet werden wollen. Die bezaubernden Naturlandschaften locken zu so mancher Rast und die Seen und Flüsse zu einer Badepause. Und nicht zuletzt sorgen zahlreiche urige Gasthöfe und schattige Biergärten dafür, dass der Körper seine wohlverdienten Pausen bekommt.

Das farbenfrohe Obere Tor in Neuburg an der Donau (Tour 2)

Anfahrt

Alle Touren beginnen an einem Bahnhof, wodurch man die Anfahrt grundsätzlich umweltfreundlich gestalten kann. Und bei allen beschriebenen Wegen handelt es sich um Rundtouren, die wieder zum Ausgangspunkt zurückführen. Da oftmals an den Bahnhöfen nur eingeschränkte Parkmöglichkeiten zur Verfügung stehen, parkt man bei Anreise mit eigenem Fahrzeug oftmals besser entlang der Strecke. So kann man je nach persönlichem Bedarf zum Beispiel an einem Badesee oder an einem Biergarten in die Tour einsteigen und am Ende die Tour mit einem erfrischenden Bad oder einer gemütlichen Einkehr ausklingen lassen. Bei den Toureninfos findet man Tipps für günstige Parkmöglichkeiten.

Blumenwiesen bei Bad Tölz (Tour 20)

Durch die Tourenregion verlaufen vier Autobahnen, die sternförmig in München zusammenlaufen. Der östliche Abschnitt der A8 erschließt die Tourenregion im Südosten Oberbayerns, die A95 den Süden, die A96 und der westliche Teil der A8 den Westen und die A9 den Norden.

Kartenempfehlung

Mit den Wegbeschreibungen und den Karten im Buch sollten die vorgestellten Touren problemlos zu befahren sein. Wer die Wege individuell verändern möchte, für den sind die entsprechenden ADFC-Regionalkarten im Maßstab 1:75 000 bei den jeweiligen Touren als Kartenempfehlung angegeben. Noch genauer sind die Umgebungskarten des Bayerischen Landesvermessungsamts im Maßstab 1:50 000. Hier benötigt man für das Tourengebiet jedoch zahlreiche Kartenblätter. Wer sich im Internet informieren möchte, der findet topografische Karten, Übersichtskarten mit Radwegen und Luftbilder unter geoportal.bayern.de » BayernAtlas.

Fahrrad und Ausrüstung

Moderne E-Bikes und Trekking- oder Mountainbikes sind für die beschriebenen Touren die ideale Wahl. Sie sind stabil genug für kurze Abschnitte auf holprigen Wirtschaftswegen und bieten einen bergtauglichen Übersetzungsbereich, mit dem auch ein etwas steilerer Anstieg bezwungen werden kann. Und dank guter Bremsen kann man auch steile Abfahrten angstfrei genießen. So manchem Ärger kann vorgebeugt werden, wenn man vor der Tour Reifendruck, Bremsen und Antriebseinheit inklusive Schaltung und Kette überprüft. Werkzeuge für kleinere Reparaturen gehören ebenso ins Gepäck wie ein stabiles Fahrradschloss, um eine Bade- oder Biergartenpause oder eine Besichtigung genießen zu können. Und wer mit einem E-Bike unterwegs ist, sollte vor der Tour das Aufladen des Akkus nicht vergessen. Alle Touren sind problemlos mit einem Ladevorgang zu bewältigen.

Am Kloster Reutberg kann man aussichtsreich rasten (Tour 20).

Hotel Krone

Von München nach Norden

Das mächtige Renaissanceschloss in Neuburg an der Donau (Tour 2) (o. li.). Schloss Schleißheim, ein barockes Fest der Sinne (Tour 6) (o. re.). Mittelalterliche Hausfassaden in der Altstadt von Beilngries (Tour 1) (u. re). Auf dem weiten Hauptplatz von Pfaffenhofen (Tour 3) (u. li.).

1 Im unteren Altmühltal

Wehrhafte Kirchen am malerischen Fluss

leicht | 42 km | 110 Hm | 3.30 Std.

Highlight: Sehenswürdigkeit

Ausgangs- und Endpunkt
Bahnhof von Kinding

GPS
48.9925 N, 11.3768 O

Anfahrt
Bahn: Der Bahnhof von Kinding liegt außerhalb des Orts an der Bahnlinie München–Nürnberg.
Auto: Der Bahnhof Kinding ist von der A9 über die Anschlussstelle Altmühltal schnell zu erreichen.
Parkmöglichkeit: Am Bahnhof Kinding sind ausreichend Parkmöglichkeiten vorhanden.

Tourencharakter
Diese Tour verläuft bis auf wenige kurze harmlose Anstiege nahezu steigungsfrei entlang der Altmühl und dem Main-Donau-Kanal. Auf längeren Abschnitten sind die gut zu befahrenden Wege nicht befestigt. Mit etwas Verkehr ist nur im Ortsbereich von Kinding und Beilngries zu rechnen, die restliche Strecke führt über verkehrsfreie Rad- und Wirtschaftswege oder verkehrsarme Nebenstraßen.

Radkarte
ADFC-Regionalkarte 1:75 000, Blatt Altmühltal

Bademöglichkeiten
Am Pfraundorfer See

Information
Touristinformation Kinding, Tel. 08467/840 10, www.kinding.de
Touristinformation Beilngries, Tel. 08461/84 35, www.beilngries.de

Diese gemütliche Tour führt uns im nördlichsten Zipfel von Oberbayern durch das tief eingeschnittene Tal der Altmühl. Am Weg liegen einige bemerkenswerte Gotteshäuser, das malerische, von einer alten Mauer umgebene Beilngries und ein informativer Archäologiepark.

Zu den Kirchen von Kinding und Kottingwörth Vom Bahnhof in Kinding folgen wir der Zufahrtsstraße zu einer Vorfahrtsstraße. An ihr entlang radeln wir nach rechts unter der A9 hindurch bis zu einem Kreisverkehr am Ortsrand von Kinding. Hier in die mit Radwegweisern ausgeschilderte dritte Ausfahrt und nach der Schwarzachbrücke rechts auf den schmalen Mühlanger, der uns zu einer Vorfahrtsstraße bringt. Links hinauf führt ein kurzer Abstecher zur imposanten Kirchenburg. Wir fahren aber geradeaus über den Marktplatz und folgen dann der nach rechts

Wehrhaft zeigt sich die Kirchenburg von Kinding.

knickenden Vorfahrtsstraße zur Landstraße, die wir überqueren. Jenseits fahren wir auf dem Kiesweg nach links. Wir radeln auf einer Teerspur links zur Landstraße und dann rechts über die Altmühl. 100 Meter nach der Brücke biegen wir gegenüber der alten Altmühlbrücke links in ein Teersträßchen ein. Es geht in einen Feldweg mit zwei Betonspuren über, dem wir über die Felder nach Unteremmendorf folgen. Wir radeln auf einer Teerstraße links ins Dorf und dann rechts aufwärts bis kurz vor die Kirche. Wir biegen links ab und fahren auf einem Feldweg immer geradeaus zu einer Querstraße an der Kratzmühle. Kurz links abwärts und dann rechts auf einen Kiesweg, der uns ins Dörfchen Kirchanhausen bringt. Hier fahren wir rechts auf eine Straße durch das Dorf und zur B299. Der Richtung Kottingwörth ausgeschilderte Radweg führt uns in einem weiten Linksbogen

Die Pfarrkirche von Kottingswörth begeistert mit mittelalterlichen Fresken.

Oberbayern-Erfahrung: Frühgeschichte und Wehrkirchen

Diese Tour führt uns durch die Urdonautäler, die einstmals von der Donau durchflossen wurden. Heute, nachdem die Donau weiter südlich ein neues Tal gefunden hat, nutzen Altmühl und Main-Donau-Kanal die tief eingeschnittenen Talfurchen. Schon im 19. Jahrhundert ließ der bayerische König Ludwig I. hier einen ersten Kanal erbauen. An einer der alten Schleusen dieses Ludwig-Donau-Main-Kanals liegt heute der Archäologiepark Alcmona mit seinem rekonstruierten vorgeschichtlichen Dorf, das von der Jahrtausende zurückreichenden Menschheitsgeschichte im Altmühltal erzählt.

Nicht ganz so alt, aber mindestens so eindrucksvoll sind zwei an der Tour gelegene Kirchen. Wohl im 14. Jahrhundert entstand die Wehranlage, die die Kirchenburg von Kinding umgibt. Hinter ihren turmbewehrten Mauern konnten sich in Krisenzeiten die Einwohner in Sicherheit bringen. Nicht weniger interessant ist die Wehrkirche in Kottingwörth. Im Untergeschoss des Westturms blieb der mittelalterliche Chor einer Vorgängerkirche erhalten, die mit lebhaften, um 1310 entstandenen Fresken ausgemalt ist. Besonders beeindruckend sind die Szenen, in denen die Leiden christlicher Märtyrer dargestellt sind.

Im Archäologiepark Alcmona fühlt man sich weit in die Vergangenheit zurückversetzt.

unter der Bundesstraße hindurch zur gegenüberliegenden Nebenstraße. Auf ihr radeln wir geradewegs zu einer Vorfahrtsstraße in Kottingwörth und auf ihr links über die Altmühl zu einer Kreuzung. Links führt ein kurzer Abstecher zur doppeltürmigen Kirche von Kottingwörth.

Der Main-Donau-Kanal und Beilngries Zurück an der Kreuzung folgen wir den Radwegweisern links in die Dietfurter Straße und nach 100 Metern rechts in den Sandweg. Am Ortsrand von Töging überqueren wir die Landstraße und folgen der Johann-Hummel-Straße. Am höchsten Punkt wechseln wir links auf einen schmalen Teerweg, der auf einer alten Bahntrasse verläuft. Jetzt immer geradeaus, bis wir kurz vor dem Main-Donau-Kanal wieder auf die Landstraße treffen. Wir biegen links in die zum Archäologiepark Alcmona ausgeschilderte Kiesstraße, die uns zum nahen Freilichtmuseum führt.

Nach dem Archäologiepark radeln wir geradewegs links an der Schleuse Dietfurt vorbei zum Main-Donau-Kanal. Ein Wirtschaftsweg führt uns am Kanal entlang. Nach sieben Kilometern erreichen wir die Bootsanlegestelle von Beilngries. Hier

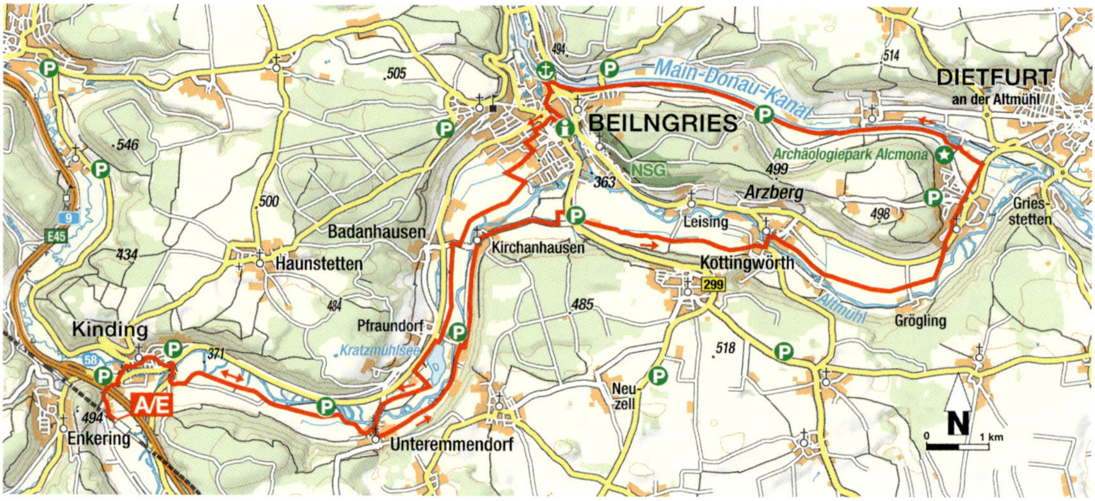

den Radwegweisern in die Altstadt folgend fahren wir scharf links über den Parkplatz und dann auf schmalem Weg über das Flüsschen Sulz. Nach kurzer Fahrt geht es auf einer Straße wenige Meter nach links und danach erneut links auf einen Kiesweg, der uns an der Sulz entlang bis vor die Stadtmauer von Beilngries bringt. Um die malerische Altstadt ein wenig zu erkunden, radeln wir rechts zum nahen Bürgerturm, dann vor der Stadtmauer nach links und nach kurzer Fahrt rechts durch die Stadtmauer. Wir halten uns links und folgen dem grob gepflasterten Inneren Graben an mehreren malerischen Türmen vorbei, bis er an der Hauptstraße endet. Sie führt uns rechts an zahlreichen Gasthöfen, am historischen Rathaus und an der Stadtpfarrkirche St. Walburga vorbei durch das Zentrum von Beilngries.

Guten Appetit

An unserer Strecke durch das Altmühltal locken im Abstand von wenigen Kilometern immer wieder nette Einkehrmöglichkeiten. Eine größere Auswahl hat man natürlich in Beilngries. An der Hauptstraße liegen hier zahlreiche altehrwürdige Einkehrmöglichkeiten wie der Gasthof Stern, der Millip oder der Gasthof Fuchsbräu, die allesamt mit guter bayerischer Küche überzeugen. Wer es etwas internationaler mag, dem sei die Pizzeria alla Piazza oder das griechische Restaurant Meteora empfohlen. Will man den Tag in Kinding ausklingen lassen, kann man sich am Marktplatz sowohl im Gasthof Krebs als auch im Gasthof Krone schmackhafte bayerische Gerichte schmecken lassen.

Zurück nach Kinding Kurz bevor wir am Rand der Altstadt die Frauenkirche erreichen, biegen wir links in den Stadtgraben ein. Ab hier können wir der guten Beschilderung des Altmühl-Radwegs vertrauen. Nach kurzer Fahrt geht es auf der Vorfahrtsstraße nach links, nach 50 Metern rechts an der Volkshochschule vorbei und über einen Parkplatz geradewegs in die Max-Prinstner-Straße. Nach 300 Metern biegen wir links in die Amselstraße, an der nächsten Kreuzung rechts in die Sandstraße und nach dem Gymnasium links in eine schmale Teerstraße ein. An der nächsten Kreuzung fahren wir nach rechts und bald unter der Umgehungsstraße durch zu einer Wegkreuzung, an der wir links auf gutem Kiesweg bis zur Straße unterhalb von Kirchanhausen radeln. Auf ihr nach rechts und nach kurzer Fahrt links auf einen Feldweg, der uns zur Zufahrtsstraße der Kratzmühle bringt. Hier radeln wir kurz nach rechts und im Bogen um den Pfraundorfer See. Nach den Parkplätzen am Südufer des Sees biegen wir rechts auf einen Feldweg ein und erreichen eine Querstraße. Auf ihr fahren wir links über die Altmühl ins nahe Unteremmendorf und dort rechts auf die vom Hinweg bekannte Route, der wir zurück nach Kinding und weiter zum Bahnhof Kinding folgen.

In Beilngrieß sind große Teile der mittelalterlichen Stadtmauer erhalten.

2

Rund um Neuburg

Residenzstadt über der Donau

mittel | 38 km | 190 Hm | 3.00 Std.

Highlight: Stadtspaziergang

Ausgangs- und Endpunkt
Bahnhof von Neuburg an der Donau

GPS
48.7276 N, 11.1778 O

Anfahrt
Bahn: Neuburg liegt an der Bahnstrecke im Donautal, die zwischen Ingolstadt und Donauwörth die Hauptstrecken verbindet, die von München bzw. Augsburg nach Nürnberg führen.
Auto: Neuburg liegt an der B 16, die die A 9 mit der vierspurig ausgebauten B 2 verbindet.
Parkmöglichkeit: In Neuburg Parkmöglichkeiten auf dem Parkplatz Schlösslwiese nördlich der Donaubrücke

Tourencharakter
Die Tour verläuft meist auf verkehrsfreien, auf längeren Abschnitten unbefestigten Rad- und Wirtschaftswegen und auf wenig befahrenen Nebenstraßen. Nur im Stadtgebiet von Neuburg stärkerer Verkehr möglich. Abgesehen von einem steilen Anstieg nach Bergen ist die Tour weitgehend steigungsfrei.

Radkarte
ADFC-Regionalkarte 1:75 000, Blatt Altmühltal

Bademöglichkeiten
Keine

Information
Touristinformation Neuburg an der Donau, Tel. 08431/552 40, www.neuburg-donau.info

Die Donautäler geben uns den Weg für einen Großteil dieser Runde vor. Vorbei an der alten Klosterkirche von Bergen geht es schließlich zurück zur Wittelsbacher Residenzstadt Neuburg. Das alles überragende Schloss und weitere beeindruckende Bauwerke gilt es dort zu erkunden.

Durchs Donautal nach Rennertshofen Gegenüber dem Bahnhof von Neuburg an der Donau radeln wir auf der Bahnhofstraße und dann über zwei größere Kreuzungen in einem Kilometer geradewegs zum Altstadthügel. Wir biegen hinter der Studienkirche links auf den Frauenplatz und nach 150 Metern rechts in die Straße Oberes Brandl ein. Sie führt uns zur Donau und geht dort in einen Fuß-Radweg über, der am Ufer entlangläuft. Nach 500 Metern radeln wir am Fuß des Schlossbergs rechts zur Elisenbrücke hoch und überqueren die Donau. Am Ende der Brücke beginnt links ein schmaler Radweg. Er führt uns an der Donau entlang und anschließend durch den Auwald. Am Ortsrand von

Bittenbrunn treffen wir auf eine Teerstraße. Auf ihr radeln wir nach links und nach 300 Metern rechts auf ein Sträßchen, das in einen Kiesweg übergeht. Er knickt nach rechts und führt am neuen Flutpolder Riedensheim entlang über den Donaudamm. Nach vier Kilometern biegt unser Weg kurz nach der Einlassschleuße und dem Stepperger See nach rechts ab und wir erreichen ein Teersträßchen, das uns links über eine Kuppe zu einer Querstraße am Ortsrand von Stepperg führt. Auf ihr fahren wir links abwärts in den Ort zu einer Querstraße. Links sind es nur wenige Meter zum Schloss Stepperg und zur Pfarrkirche. Hier radeln wir rechts in die Straße Am Schloss, bald links haltend zur Ussel und geradeaus rechts des Flüsschens zu einer Vorfahrtsstraße. Auf ihr fahren wir nach links und nun immer geradeaus, bis wir den Wegweisern des Donauradwegs folgend links die Ussel überqueren. An der nächsten Gabelung geht es nach rechts und nach 900 Metern an einer Kapelle rechts auf einen Teerweg, der uns geradewegs nach Rennertshofen bringt. Nach der Kirche stoßen wir auf die Marktstraße, der wir nach rechts folgen. 40 Meter nach dem Rathaus biegen wir links in ein schmales Gässchen ein, das nach kurzer Fahrt durch die niedrige Stadtmauer führt.

Die romanische Klosterkirche von Bergen begeistert mit prächtiger Barockausstattung.

Linke Seite: Auf steilem Jurafels ragt die Burgruine Hütting auf.

Durch die Urdonautäler nach Bergen Nun fahren wir wenige Meter nach rechts und über die Umgehungsstraße in die Industriestraße. Wir radeln geradeaus durchs Gewerbegebiet und dann auf schmalem Sträßchen ins malerische Urdonautal. Bis vor ca. 70000 Jahren floss die Donau hier nach Norden ins heutige Altmühltal, fand dann kurz einen Weg durch das Schuttertal und schließlich den

Guten Appetit

In Bergen findet man mit dem Klosterbräu eine feine Speiseadresse mit gehobener bayerischer Küche, die man im romantischen Klostergarten genießen kann. Wer es etwas ursprünglicher mag, der kann sich direkt neben der Klosterkirche in der Alten Kaplanei in schönem Ambiente eine Brotzeit schmecken lassen. Wer zum Abschluss der Tour in der Altstadt von Neuburg einkehren möchte, dem sei das nahe dem Schloss in der Residenzstraße gelegene Café am Theater ans Herz gelegt. Und besonders schön am Karlsplatz gelegen ist der Gasthof Zur Blauen Traube, der herzhafte bayerische Küche zu reellen Preisen bietet.

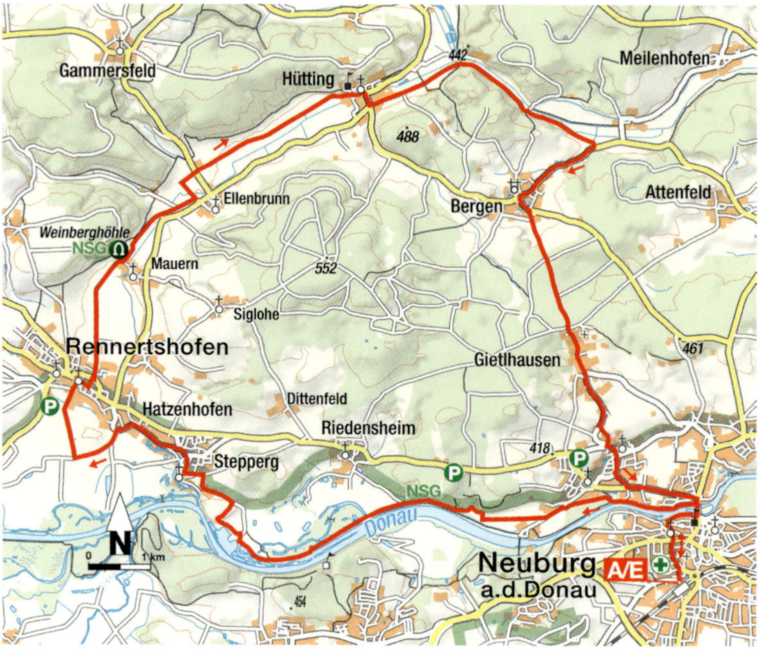

heutigen nach Neuburg. Am Ortsrand von Mauern lohnt ein kurzer Abstecher links hoch zur geschichtlich interessanten Weinberghöhle, die schon von Neandertalern genutzt wurde und in der man eine 25000 Jahre alte Venusstatue fand.

Wir radeln, abgesehen von einem Links-rechts-Knick bei Ellenbrunn, geradeaus nach Hütting und unterhalb der Burgruine geradewegs durch das Dorf, bis wir auf eine Vorfahrtsstraße treffen. Auf ihr fahren wir nach rechts und nach 200 Metern an einer Kreuzung links in den Waldauweg. Nach 500 Metern wechseln wir geradewegs auf einen Kiesweg und erreichen nach einem weiteren Kilometer eine Wegkreuzung. Wir fahren geradewegs Richtung Bergen ins

Oberbayern-Erfahrung: Bergen und Neuburg

Diese Tour führt uns durch das Donautal und die Urdonautäler, die der Fluss einst in die Juraberge schnitt. In den Hügeln über diesen Tälern liegt die im Kern romanische Klosterkirche von Bergen. Besonders eindrucksvoll ist die romanische Krypta mit dem romanischen Brunnen und einer Kreuzreliquie.

Ausgangs- und Endpunkt der Tour ist das auf uraltem Siedlungsboden erbaute Neuburg an der Donau. Auf dem Schlossberg konzentrieren sich in der Oberen Stadt die Sehenswürdigkeiten von Neuburg. Hier erbauten, beginnend mit Pfalzgraf Ottheinrich, die Wittelsbacher Herzöge der Linie Pfalz-Neuburg ihre beeindruckende Residenzstadt. Wuchtig ragt das mächtige Renaissanceschloss über der Donaubrücke auf. Rund um den Arkadenhof findet man die mit Fresken ausgemalte Schlosskapelle und das Schlossmuseum. Folgt man vom Schloss der Amalienstraße, sieht man am schmucken Karlsplatz die herrliche, im Stil der Renaissance erbaute Hofkirche, das Rathaus und die prachtvolle frühbarocke Provinzialbibliothek. Vorbei an der barocken Pfarrkirche St. Peter führt die Amalienstraße schließlich durch das im Jahr 1530 erbaute Obere Tor vom Altstadthügel hinab in die Neustadt.

einsame Schuttertal. Nach 2,5 Kilometern halten wir uns an einer Gabelung rechts und fahren nach einem weiteren Kilometer rechts zur nahen Kreisstraße. Auf ihr geht es rechts über einen lang gezogenen sanften Anstieg hinauf nach Bergen und geradewegs durch den Ort zu einer Vorfahrtsstraße. Rechts führt ein Abstecher zur beeindruckenden Klosterkirche.

Das Renaissanceschloss von Neuburg spiegelt sich auf der Donau.

Über den Berg zurück nach Neuburg Unser Weiterweg folgt jedoch der Hauptstraße nach links. Nach 250 Metern biegen wir am Ortsrand rechts in das Sträßchen An den Linden und folgen geradewegs der schmalen Teerstraße, die einige Hundert Meter sehr steil ansteigend in den Wald hinaufführt und dann geradewegs zu einer Kreuzung am Ortsrand von Gietlhausen führt. Wir wechseln geradeaus auf eine Teerstraße, auf der wir die Räder nach Laisacker hinabrollen lassen. An einer Gabelung folgen wir der Gietlhauser Straße rechts durch den Ort. Kurz vor dem Ortsende biegen wir den Radwegweisern folgend links ab und stoßen auf die viel befahrene Landstraße. An ihr entlang fahren wir nach links und in Neuburg rechts über die nahe Donaubrücke zum Schlossberg. Wir schieben die Räder rechts über das steile Kopfsteinpflastersträßchen Am Unteren Tor aufwärts in die Altstadt. Geradeaus führt die Amalienstraße durch die Altstadt und durch das Obere Tor abwärts zur Studienkirche, vor der wir auf den morgendlichen Hinweg treffen. Geradeaus geht es zurück zum Bahnhof von Neuburg an der Donau.

3

Im Norden von Pfaffenhofen

Durch das Hallertauer Hopfenland

schwer | 42 km | 380 Hm | 4.00 Std.

Highlight: Naturparadies

Ausgangs- und Endpunkt
Bahnhof von Pfaffenhofen an der Ilm

GPS
48.5232 N, 11.5115 O

Anfahrt
Bahn: Pfaffenhofen liegt an der Hauptbahnstrecke, die von München über Ingolstadt nach Nürnberg verläuft.
Auto: Pfaffenhofen liegt zwischen München und Ingolstadt nahe der A 9 und ist über die Anschlussstelle Pfaffenhofen schnell erreichbar.
Parkmöglichkeit: Rund um den Bahnhof von Pfaffenhofen zahlreiche Parkmöglichkeiten

Tourencharakter
Die Tour verläuft auf kurzen Abschnitten auf unbefestigten Rad- und Wirtschaftswegen, großteils jedoch auf geteerten, aber verkehrsarmen Nebenstraßen. Mit stärkerem Verkehr ist nur in Pfaffenhofen zu rechnen. Der Beginn der Runde im Ilmtal ist flach, ab Rohrbach sind im Hügelland einige längere Anstiege zu überwinden.

Radkarte
ADFC-Regionalkarte 1:75 000, Blätter München und Altmühltal

Bademöglichkeiten
Keine

Information
Gäste- und Touristeninformation Pfaffenhofen, Tel. 08441/ 78 22 50, www.pfaffenhofen.de

Vom lebenswerten Städtchen Pfaffenhofen führt uns diese Runde durch das berühmte Hügelland der Hallertau. Im Auf und Ab geht es an zahlreichen Hopfengärten vorbei, die mit ihren bis zu sieben Meter hohen Rankgerüsten ein eigenwilliges Landschaftsbild bieten.

Entlang der Ilm nach Rohrbach Vor dem Bahnhof von Pfaffenhofen radeln wir wenige Meter nach links zu einer Rampe, die sich in Kurven zur nahen B 13 hinabschlängelt. An der Ampel geht es über die Bundesstraße in die Schrobenhausener Straße und nach kurzer Fahrt vor der Ilmbrücke rechts auf einen schmalen Kiesweg. Teils auf Kieswegen, teils auf Straßen leitet uns die gute Radwegbeschilderung immer nahe der Ilm nach Norden. Nach 2,5 Kilometern endet der Radweg am nördlichen Stadtrand auf einer Querstraße. Auf ihr fahren wir rechts zur nahen B 13, an der Bundesstraße entlang links über die Ilm und unmittelbar nach der Brücke rechts in einen Kiesweg. Wir radeln am Ufer der Ilm entlang, bis uns eine Brücke rechts

über den Fluss zur Landstraße bringt. Links führt uns ein angenehm flacher Radweg geradewegs nach Rohrbach. Am Ortsanfang überqueren wir eine Straße und radeln an einem Altarm der Ilm entlang im Bogen zu einer Straße. Auf ihr kurz nach rechts und dann links auf schmaler Brücke über die Ilm. Nach der Brücke halten wir uns links und fahren geradewegs zu einer Vorfahrtsstraße. Auf ihr 200 Meter nach rechts und anschließend links in den Schloßweg, der uns zum Schloss und zum Alten Wirt bringt.

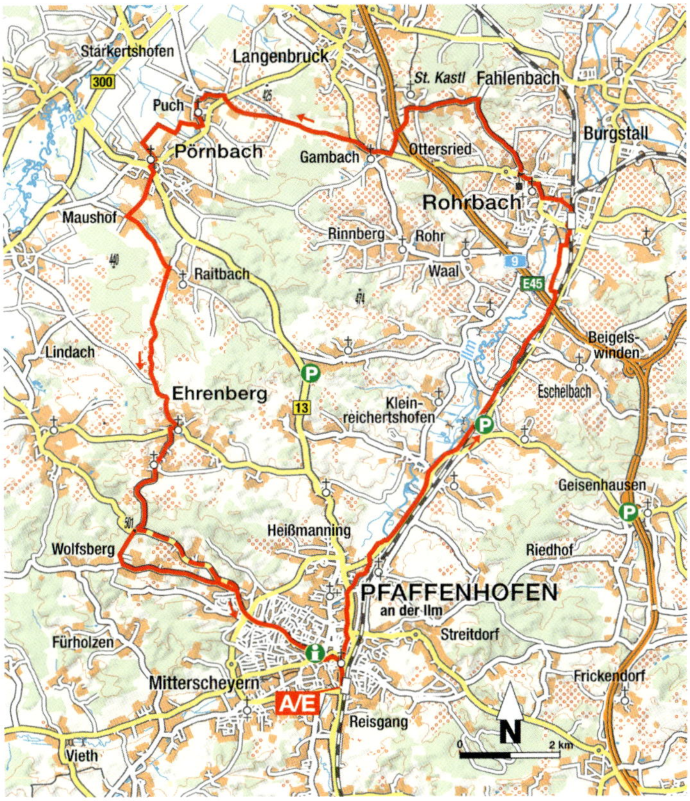

Linke Seite: Schloss, Pfarrkirche und Alter Wirt bilden das Zentrum von Rohrbach.

Vorbei an St. Kastulus nach Pörnbach Vor der Wirtschaft radeln wir rechts zur nahen Hauptstraße und auf ihr nach links. Wir biegen nach 200 Metern rechts in die St.-Kastulus-Straße ab, die uns über einen langen Anstieg zu einer Kreuzung hinaufführt. Wir biegen nach links ein und radeln über das Dörfchen Fürholzen nach Westen. Bald geht es abwärts und eine rechts nach Sankt Kastl abzweigende Straße wird ignoriert. Kurz darauf biegen wir rechts in das zweite nach St. Kastl ausgeschilderte Sträßchen ab. Nach einem kurzen Anstieg erreichen wir schließlich die zwei Kirchen von St. Kastl. Die größere wurde Ende des 15. Jahrhunderts im gotischen Stil erbaut. In der barocken Wallfahrtskapelle wird eine Reliquie des heiligen Kastulus aufbewahrt, der als Patron der Bauern und Hirten verehrt wird.

Von den Kirchen radeln wir auf bekanntem Weg zurück

Guten Appetit

Das barocke Schloss in Rohrbach bildet zusammen mit der Kirche St. Johannes und der Tafernwirtschaft Zum Alten Wirt das historische Zentrum des Dorfs Rohrbach. Ein Tafernwirt hatte in früheren Zeiten das sogenannte Tafernrecht, eine vom Lehnsherrn verliehene Lizenz zum Betreiben einer Gastwirtschaft, zur Herstellung und zum Ausschank von Bier und anderen alkoholischen Getränken sowie zum Ausrichten von Festen und Veranstaltungen. Heute bietet der Alte Wirt eine urige Möglichkeit zur Stärkung, bevor die Tour in anstrengendem Auf und Ab durch das Hügelland der Hallertau führt (Do Ruhetag; www.alter-wirt-rohrbach.de).

Die mächtige Pfarrkirche überragt den Hauptplatz von Pfaffenhofen.

Auf einem einsamen Hügel steht die Pfarrkirche St. Kastl.

zur Vorfahrtsstraße. Auf ihr geht es wenige Meter rechts abwärts und dann links in ein schmales Sträßchen, das uns nach 500 Metern über die A 9 führt. Nach der Brücke fahren wir links zur Kreisstraße und auf ihr rechts durch Gambach. Am Ortsende biegen wir links in ein Sträßchen ein, das uns durch eine Talmulde nach Puch hinabführt. Wir überqueren die Kreisstraße und radeln links haltend in den Ort. Dort auf der Vorfahrtsstraße nach links und an der Kirche vorbei zum Ortsende. Nach den letzten Häusern biegen wir rechts auf einen Wirtschaftsweg ein. Nach 200 Metern nach links und im Bogen zu einem Querweg, dem wir nach rechts folgen. Er knickt bald nach links und führt uns geradewegs zu einem Sträßchen, das uns links zu einer Vorfahrtsstraße in Pörnbach bringt. Auf ihr geht es rechts zur B 13, auf der Bundesstraße nach links und nach 100 Metern rechts in die Maushof Allee.

Über die Hügel zurück nach Pfaffenhofen Wir radeln geradewegs zur Querstraße am Weiler Maushof. Auf ihr geht es links bis zu einer Vorfahrtsstraße bei Raitbach, der wir nach rechts folgen. Die schmale Teerstraße führt uns an zahlreichen Hopfengärten vorbei meist sanft aufwärts. Nach einer Abfahrt erreichen wir schließlich in Ehrenberg eine Vorfahrtsstraße. Wir folgen ihr kurz rechts hinauf und biegen dann links in den Eutenhofener Weg ein. In anstrengendem Auf und Ab führt uns die Straße durch Eutenhofen und über Felder und durch Wald zu einer breiten Vorfahrtsstraße. Auf einem Radweg entlang der Straße könnte man links ohne große Mühe nach Pfaffenhofen hinabradeln. Wir entscheiden uns aber für eine schönere Variante. Wir fahren an der Straße kurz nach rechts, überqueren sie vorsichtig und mühen uns auf einem schmalen Nebensträßchen einen kurzen, aber steilen Berg hoch. Bald geradewegs auf einen Kiesweg und abwärts zu einer Vorfahrtsstraße. Auf ihr fahren wir nach links und über einen Hügel abwärts bis zum Stadtrand von Pfaffenhofen, wo beide Varianten wieder zusammenlaufen. Wir folgen nun der rechts der Hauptstraße verlaufenden Radtrasse bis ins zwei Kilometer entfernte Stadtzentrum von Pfaffenhofen. Vor der Stadtkirche lassen wir die Räder auf der Vorfahrtsstraße rechts abwärts zu einem nahen Kreisverkehr rollen. Links erreicht man den nahen Hauptplatz von Pfaffenhofen. Wer zurück zum Bahnhof will, der fährt geradeaus in die Schulstraße und nach 200 Metern rechts in den Münchner Vormarkt. Nach der Ilmbrücke kann man rechts auf bekanntem Weg zum Bahnhof zurückkehren.

In Pörnbach erreicht man das Spargelland von Schrobenhausen.

Oberbayern-Erfahrung: Zwischen Hopfen und Spargel

Die Landschaft rund um Pfaffenhofen bildet den westlichen Zipfel der weltberühmten Hallertau. Hier liegt im Herzen Bayerns das weltweit größte Anbaugebiet für den Hopfen, der dem Bier seinen würzigen Geschmack verleiht. In der Hallertau, in der seit dem 8. Jahrhundert der Hopfenanbau belegt ist, wird etwa ein Drittel der Weltproduktion geerntet. Die Geschichte dieser Landschaft beginnt mit weiten Seen und Meeresarmen vor den sich allmählich auftürmenden Alpen. Sie wurden mit Sedimenten aufgefüllt und schließlich durch die ausstrahlenden Kräfte der Alpenbildung zu einem Hügelland aufgetürmt. Während der Eiszeit schließlich wurde die Landschaft von Flüssen zerteilt und auf den Hängen und in den Tälern lagerte sich feiner Staub ab, den die kalten Fallwinde von den Gletschern nach Norden wehten. Dieser sogenannte Löß bildet heute die fruchtbaren Böden, auf denen so empfindliche Nutzpflanzen wie der Hopfen und der Spargel angebaut werden können. Ein Großteil der Tour führt uns an den eigenartigen Hopfengärten mit ihren bis zu sieben Meter hohen Gerüsten vorbei. Und im Tal der Paar streift unsere kulinarische Runde bei Pörnbach das Anbaugebiet des berühmten Schrobenhausener Spargels.

4 Von Freising nach Moosburg

In den Tälern von Isar und Amper

leicht | 44 km | 130 Hm | 3.45 Std.

Highlight: Stadtspaziergang

Ausgangs- und Endpunkt
Bahnhof von Freising

GPS
48.3956 N, 11.7443 O

Anfahrt
Bahn: In Freising Haltepunkt der Münchner S-Bahn-Linie 1 und der Bahnlinie München–Landshut
Auto: Von der A92 an den Anschlussstellen Freising-Mitte oder Freising-Ost der Beschilderung folgend nach Freising
Parkmöglichkeit: Über die Luitpoldstraße erreichbare Parkplätze zwischen Bahnhof Freising und Isarufer

Tourencharakter
Die Runde verläuft auf wenig befahrenen Nebenstraßen und auf unbefestigten Rad- und Wirtschaftswegen. In den Tälern von Isar und Amper ist die Strecke weitgehend steigungsfrei, bei Schmiedhausen ist der einzig steilere und anstrengende Anstieg zu überwinden. Nur in den Ortschaften ist mit etwas stärkerem Verkehr zu rechnen.

Radkarte
ADFC-Regionalkarte 1:75 000, Blatt München

Bademöglichkeiten
An der Isar und an der Amper

Information
Touristinfo Freising,
Tel. 08161/54 44 11 11,
tourismus.freising.de

Seit dem 8. Jahrhundert ist Freising Bischofsstadt und bestimmt seitdem maßgeblich das geistige Leben in Oberbayern. Diese Tour führt uns von Freising durch die beschaulichen Täler von Isar und Amper. Über einen Hügelkamm geht es zurück zur altehrwürdigen Domstadt.

Entlang der Isar nach Moosburg Vom Bahnhof fahren wir über den Bahnhofplatz rechts zur Ottostraße und auf ihr nach rechts. Nach 300 Metern geht es den Radwegweisern folgend rechts unter den Gleisen hindurch und dann links haltend zur Erdinger Straße. Auf ihr radeln wir rechts bis vor die Isar. Wir biegen vor der Brücke links in den Kiesweg ein, auf dem der Isarradweg verläuft. Wir radeln jetzt stets auf dem angenehmen Kiesweg so nahe wie möglich am linken Isarufer entlang flussabwärts. Vorbei an zahlreichen schönen Kiesbänken führt uns der Weg durch den Auwald, der als FFH-Naturschutzgebiet

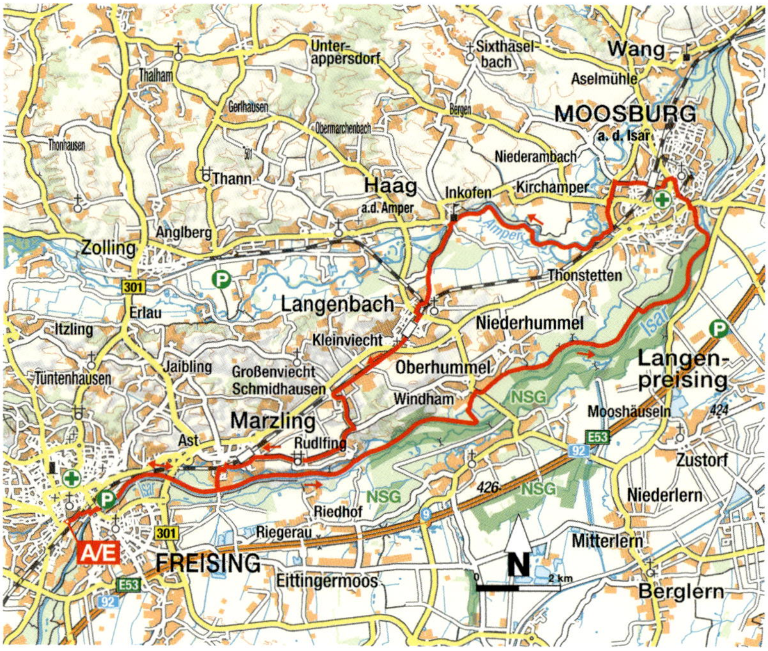

von europäischem Rang eingestuft ist. Kurz vor Oberhummel knickt der Isarradweg links vom Ufer weg. Wir überqueren die Moosach sowie einen Damm und halten uns an der nächsten Weggabelung rechts. Am Ortsrand von Oberhummel fahren wir geradewegs über eine Straße auf eine schmale Teerstraße und nach 600 Metern rechts haltend auf einen Kiesweg, der an einem Damm entlangläuft.

Das Isarufer bietet schattige Wege und zahlreiche Badeplätze.

Nach vier Kilometern folgen wir an einer Kreuzung den Wegweisern des Isarradwegs rechts über dem Damm zum nahen Isarufer. Am Fluss entlang geht es nun nach Moosburg. Am Stadtrand überqueren wir den Amper-Überführungskanal und radeln auf der Fischerstraße geradewegs in die Stadt. Kurz vor ihrem Ende geht

Der Turm von St. Kastulus überragt die Altstadt von Moosburg.

In Moosburg kann man zahlreiche alte Bürgerhäuser bewundern.

es links zur nahen Jägerstraße, auf ihr wenige Meter nach rechts und dann rechts unter der Landstraße durch. Auf der Viehmarktstraße und dem Viehmarktgäßl fahren wir jetzt den Radwegweisern folgend geradewegs in Richtung Stadtzentrum. Wir treffen auf die Straße Auf dem Gries, auf der wir nach rechts radeln. An der nahen Gabelung geht es links hinauf und nach kurzer Strecke rechts auf dem schmalen Seifensiedergäßchen zum weiten Platz Auf dem Plan, der von den Türmen von St. Kastulus und St. Johannes überragt wird. Im Kastulusmünster begeistert Kunstfreunde der spätgotische Hochaltar von Hans Leinberger.

Zurück nach Freising Wir radeln vor den Kirchen links zum Stadtplatz und auf ihm nach links. Kurz nach dem Rathaus geht es rechts in die Bahnhofstraße und immer geradeaus bis zum Stadtrand. Kurz vor der Umgehungsstraße fahren wir links auf einer schmalen Teerstraße bis zu einem Kreisverkehr. Hier wechseln wir zur rechten Seite der Umgehungsstraße und radeln an einem Teich vorbei bis zu einer Kreuzung vor der Bahnlinie. Wir biegen rechts auf den Feldweg ein, der an den Gleisen entlangläuft. Nach kurzer Fahrt geht es auf schmaler Spur rechts zum Amperdamm. Vier Kilometer fahren wir auf dem Damm am malerischen Fluss entlang, bis wir neben der Amperbrücke von Inkhofen auf eine wenig befahrene Teerstraße treffen. Auf ihr radeln wir dem Ammer-Amper-Radweg folgend nach links. Nach einem Kilometer biegen wir an der Gabelung nach dem Wald links auf

Rechte Seite unten: Rathaus und Stadtpfarrkirche am Marienplatz in Freising

Guten Appetit

Auf einem Hügel östlich des Dombergs findet man mit der Bayerischen Staatsbrauerei Weihenstephan die älteste Brauerei der Welt. Seit dem Jahre 1040 wird in der ehemaligen Klosterbrauerei nachweislich Bier hergestellt. In diesem Jahr erhielt Abt Arnold von der Stadt Freising das Brau- und Schankrecht. Heute bietet das zugehörige Bräustüberl viele Bierspezialitäten und herzhafte bayerische Küche in einer unverfälschten Atmosphäre. Zahlreiche gemütliche Räumlichkeiten und ein großer Biergarten lohnen den kurzen Abstecher auf den sogenannten Freisinger Nährberg (www.braeustueberl-weihenstephan.de).

einen Kiesweg ein, auf dem wir geradewegs nach Langenbach radeln. Im Ort rechts haltend fahren wir über die Gleise zur Hauptstraße, auf ihr geht es links über die Bahnlinie und nach kurzer Fahrt rechts in die Bahnhofstraße.

Wir folgen der Bahnhofstraße geradewegs durch Langenbach, bis sie rechts über die Bahnlinie knickt. Hier geht es geradewegs auf dem Abensradweg in die Oberbacher Straße und an der Bahnlinie entlang. In Schmidhausen treffen wir auf eine Vorfahrtsstraße, radeln auf ihr links durch das Dorf anstrengend hinauf zu einer Kreuzung auf einem Hügelkamm. Wir halten uns rechts und radeln in nun sanfterem Auf und Ab vorbei am Dörfchen Rudlfing mit seiner sehenswerten Kirche Mariä Himmelfahrt nach Marzling. Am Ortsanfang biegen wir links in eine Nebenstraße und nach kurzer Fahrt links in die Bahnhofstraße ein, die uns an der Kirche vorbei geradewegs durch den Ort leitet. An

Die sehenswerte Barockkirche Mariä Himmelfahrt in Rudlfing

der Kreuzung nach dem Brückchen über die Moosach halten wir uns rechts und biegen nach 100 Metern links auf die Vorfahrtsstraße ab, die uns zur nahen Isar bringt. Hier treffen wir

Oberbayern-Erfahrung: Freising

Das Zentrum der gemütlichen Freisinger Altstadt bildet der Marienplatz, der von der Stadtpfarrkirche, dem Rathaus, dem Fürstbischöflichen Lyceum mit dem Asamtheater und Bürgerhäusern umringt wird. Von hier geht es hinauf auf den Domberg. Schon in der ersten Hälfte des 8. Jahrhunderts wurde der Heilige Korbinian erster Bischof von Freising. Seit dieser Zeit war der Freisinger Domberg über viele Jahrhunderte geistiges und geistliches Zentrum von Oberbayern. Erst seit dem 19. Jahrhundert muss sich Freising den Bischofssitz mit München teilen. Auf dem Domberg ragt der 1205 geweihte romanische Dom St. Maria und St. Korbinian mit den beiden wuchtigen Türmen auf. Das Gotteshaus ist mit einer Fülle bedeutender Kunstwerke aus unterschiedlichen Epochen ausgestattet. Werke aus romanischer Zeit sind ebenso zu bewundern wie gotische Schnitzereien, ein Altarbild von Rubens und die Rokokoausstattung der Gebrüder Asam. Unbedingt sehenswert ist die romanische Krypta mit den aufwendig gestalteten Bestiensäulen. Der Kreuzgang, die Benediktuskirche, die frühgotische Johanneskirche, die Rokokobibliothek und das Diözesanmuseum, das mit seiner Fülle religiöser und weltlicher Kunst begeistert, sind ebenfalls einen Besuch wert.

auf den morgendlichen Hinweg und biegen vor der Brücke rechts auf den Isarradweg ein, auf dem wir zurück nach Freising radeln.

Abstecher zum Domberg Neben der Korbinianbrücke verlassen wir den Isarradweg, fahren rechts über die Schleifermoosach und dann auf der Parkstraße zur Ottostraße. Links ist der Bahnhof schnell erreicht. Davor wollen wir aber noch einen Abstecher in die Altstadt von Freising und zum Dom machen. Wir überqueren nach 100 Metern die Ottostraße und radeln auf dem Fürstendamm an der Moosach entlang zur Bahnhofstraße. Auf ihr rechts bis zur Oberen Hauptstraße, der wir rechts am Rathaus und am Marienplatz vorbei durch das Zentrum von Freising folgen. Sie geht unmerklich in die Untere Hauptstraße über und nach 500 Metern biegen wir rechts in die schmale Luckengasse ein. Auf ihr geradeaus bis zur Unteren Domberggasse und auf ihr rechts mühevoll über das Kopfsteinpflaster auf den Domberg hinauf. Ein kurzer Abstecher führt hier nach links zum Dom auf dem höchsten Punkt. Vom Dom lassen wir die Räder links haltend abwärtsrollen und fahren nach dem Tor vorsichtig die steile Obere Domberggasse abwärts zur Bahnhofstraße. Sie führt links zurück zum Bahnhof von Freising.

Linke Seite außen: Die romanischen Doppeltürme des Doms überragen Freising.

Linke Seite innen: Die lichtdurchflutete Johannikapelle im Freisinger Dom schuf Egid Quirin Asam.

Das prächtige, im barocken Stil umgestaltete Kirchenschiff des Freisinger Doms

5 Rund um Markt Indersdorf

Klosterkirchen im Dachauer Hinterland

leicht | 29 km | 150 Hm | 2.45 Std.

Highlight: Sehenswürdigkeit

Ausgangs- und Endpunkt
Bahnhof in Markt Indersdorf

GPS
48.3525 N, 11.3792 O

Anfahrt
Bahn: Der Bahnhof Markt Indersdorf liegt an der S2 Richtung Altomünster.
Auto: Markt Indersdorf ist von der Ausfahrt Odelzhausen an der A8 und von der Ausfahrt Allershausen an der A9 über die Staatsstraße 2054 und von Dachau aus über die Staatsstraßen 2047 und 2050 zu erreichen.
Parkmöglichkeit: Am Bahnhof und Kloster Markt Indersdorf

Tourencharakter
Diese Tour führt auf Nebenstraßen und Wirtschaftswegen durch das Tal der Glonn und über die nördlich gelegenen Hügel. Die Anstiege im Hügelland sind kurz und gut zu bewältigen. Längere Strecken vor allem im Tal der Glonn verlaufen auf unbefestigten Wegen. Mit etwas stärkerem Verkehr muss man lediglich in den Ortschaften rechnen.

Radkarte
ADFC-Regionalkarte 1:75000, Blatt München

Bademöglichkeiten
Keine

Information
Dachauer Land Tourismus, Tel. 08131/272 8605, www.tourismus-dachauer-land.de

Die Hügel des Dachauer Hinterlands, die von der Glonn durchschnitten werden, gehören zu den ganz stillen Winkeln im Münchner Umland. Umso lohnender ist eine Tour zu den bemerkenswerten, in verschiedenen Jahrhunderten erbauten Klosterkirchen dieses Landstrichs.

Zur romanischen Kirche auf dem Petersberg Vor dem Bahnhof von Markt Indersdorf halten wir uns links und radeln auf dem schmalen Radweg, der an der Bahnstrecke entlangführt, zur Hauptstraße. Wir überqueren sie und folgen dem Radweg nach links. Wir sind nun auf dem 7-Klöster-Radweg, dessen Beschilderung uns auf einem Großteil der Tour leiten wird. Nach kurzer Fahrt endet der Radweg vor der Bahnüberführung an einer Nebenstraße, die wir überqueren. Auf einem Kiesweg radeln wir nun immer an der rechten Seite der Bahnlinie entlang nach Erdweg, das wir nach sechs Kilometern erreichen. Am Ortsrand geht es links über die Gleise zu einer Querstraße und auf ihr kurz nach rechts. Vor einem Wendehammer biegen wir links haltend auf einen schmalen Weg ab, der uns zur nahen

Guten Appetit

Mitten in Altomünster findet man, am von der Klosterkirche überragten Marktplatz, den gemütlichen Brauereigasthof Maierbräu. Seit 1888 ist er nun schon in der fünften Generation im Besitz der Familie Maier. Die Privatbrauerei legt Wert auf ihre handwerkliche Tradition. Vor dem historischen Wirtshaus oder in einer der alten holzgetäfelten Gaststuben kann man bei einem der selbst gebrauten Biere neue Kräfte sammeln. Und die traditionelle bayerische Küche trägt mit deftigen Gerichten, einer zünftigen Brotzeit oder einem Kaiserschmarren sicherlich zur schnellen Erholung bei (Mo und Di Ruhetag, www.brauereigasthof-maierbraeu.de).

Hauptstraße in Erdweg bringt. Rechts fahren wir auf dem Radweg an der Straße entlang aus dem Ort, überqueren die Glonn und biegen nach einem Kilometer rechts in die nach Eisenhofen ausgeschilderte Nebenstraße ein. Nach 200 Metern führt unmittelbar vor der Bahnlinie links ein geteerter Weg zur eindrucksvollen romanischen Kirche auf dem nahen Petersberg hinauf. Einen Blick in die urtümliche Klosterkirche, die sich auf dem bewaldeten Hügel versteckt, sollte man sich nicht entgehen lassen.

Blick zur romanischen Apsis der Kirche auf dem Petersberg

Zur barocken Klosterkirche von Altomünster Vom Petersberg geht es wieder hinab zur Straße. Wir radeln links über die Bahnstrecke und biegen nach kurzer Strecke links in die Schleifmühlstraße ein. Sie geht nach den letzten Häusern in einen Kiesweg über, der an der Bahnlinie entlang nach Westen läuft. Nach 2,5 Kilometern stoßen wir in Kleinberghofen auf eine Querstraße. Auf ihr fahren wir links über Gleise und nach wenigen Metern rechts in die Fortsetzung des Kieswegs, der weiterhin der Bahnlinie folgt. Nach zwei Kilometern knickt der Weg kurz vor Stumpfenbach nach links. An der folgenden Kreuzung halten wir uns rechts und fahren geradewegs zu einer Vorfahrtsstraße. Der 7-Klöster-Radweg folgt hier der Straße nach links.

Schöner ist jedoch eine Wegvariante, für die man der Vorfahrtsstraße kurz nach rechts zur Kirche von Stumpfenbach

In der von Johann Michael Fischer erbauten Klosterkirche von Altomünster

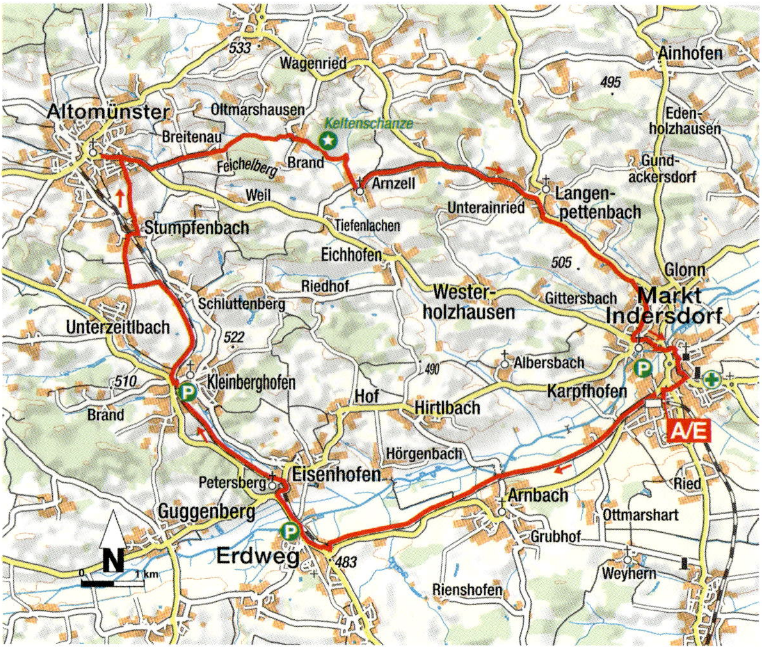

folgt. Dort biegt man links in den Kapellenweg ein und hält sich nach kurzer Fahrt an der Gabelung vor den Tennisplätzen links. Am Ortsrand wechseln wir geradewegs auf einen Kiesweg, der durch die Felder zum Ortsrand von Altomünster hinaufführt. Die Friedhofstraße bringt uns geradewegs zum Marktplatz von Altomünster. Rechts läuft die Nerbstraße durch den Ort, auf der unser Weiterweg verlaufen wird.

Zum Kloster Indersdorf im Tal der Glonn Vom Marktplatz radeln wir auf der Nerbstraße geradewegs durch Altomünster Richtung Osten. Vom Ortsende lassen wir die Räder abwärtsrollen und biegen nach 300 Metern links in die nach Breitenau ausgeschilderte Nebenstraße ein. Auf dem schmalen Sträßchen radeln wir geradewegs an Breitenau vorbei und treffen am Weiler Ottmarshausen auf eine Querstraße, der wir nach rechts folgen. Nach 80 Metern biegen wir vor dem letzten Hof links auf einen Kiesweg ab, der kurz etwas steiler bergauf läuft und dann am Waldrand entlang zu einer Wegkreuzung leitet. Der links abzweigende Feldweg führt zu einer nahen, eindrucksvoll gelegenen Keltenschanze. Die Wälle umgaben vor über 2000 Jahren ein keltisches Hofgelände.

Unser Weiterweg verläuft hier jedoch geradeaus und knickt nach kurzer Fahrt rechts nach Arnzell. Dort treffen wir auf eine schmale Teerstraße, die uns links durch den Ort und über eine Kuppe zur Kreisstraße bringt. Wir folgen dem Radweg rechts nach Langenpettenbach und radeln geradewegs durch das Dorf zur vorfahrtsberechtigten Landstraße. Auf ihr geht es nach rechts und dann auf dem parallel verlaufenden Radweg abwärts, bis er nach zwei Kilometern an einer Querstraße endet. Auf ihr fahren wir rechts nach Markt Indersdorf und im Ort auf der vorfahrtsberechtigten Freisinger Straße nach rechts. Nach 500 Metern biegen wir am Marktplatz scharf nach links ab und radeln dann geradewegs über den Kreisverkehr. Nach

St. Alto begrüßt in Altomünster die Kirchengänger.

der Glonnbrücke bringt uns rechts ein Radweg zu einem weiteren Kreisverkehr, über den wir links haltend in die Ludwig-Thoma-Straße fahren. Nach wenigen Metern geht es rechts zum Kloster Indersdorf. Wir radeln an der sehenswerten Kirche vorbei und biegen nach einem kurzen Anstieg rechts in den schmalen Karpfhoferweg ein. Auf ihm fahren wir geradewegs über den Rothbach zur Dorfstraße, kurz nach links und danach auf dem Klosterweg rechts zur Dachauer Straße. Auf ihr geht es wenige Meter nach rechts und anschließend links in die Erhard-Prunner-Straße. An der nächsten Kreuzung halten wir uns links und radeln nach einem Rechtsknick geradewegs zurück zum nahen Bahnhof Markt Indersdorf.

Barock vom Feinsten bietet die Klosterkirche in Markt Indersdorf.

Oberbayern-Erfahrung: Kirchen verschiedener Epochen

An drei recht verschiedenen, aber allesamt sehenswerten Klosterkirchen aus unterschiedlichen Epochen führt uns diese Tour vorbei. Die erste ist die romanische Klosterkirche St. Peter auf dem Petersberg, die um das Jahr 1100 anstelle einer Burg erbaut wurde. Sie gilt als ältestes original erhaltenes Gotteshaus im gesamten Bistum München-Freising. Die Fresken in der Hauptapsis wurden nach den Resten der Originalbemalung bei einer Renovierung Anfang des 20. Jahrhunderts ergänzt, die Fresken in den Seitenapsiden sind Neuschöpfungen. Schon im 8. Jahrhundert wurde das Kloster Altomünster gegründet. Im 18. Jahrhundert erbaute Johann Michael Fischer die herrliche Klosterkirche mit dem eleganten Zwiebelturm, der als einer der schönsten Kirchentürme des Lands gilt. Im Jahr 1120 gründete der Pfalzgraf Otto V. von Wittelsbach Kloster Indersdorf. Die Klosterkirche ist im Kern eine im 13. Jahrhundert erbaute romanische Basilika. Im 18. Jahrhundert erhielt sie ihre herrliche Rokokoausstattung, die von herausragenden Künstlern jener Zeit gestaltet wurde. Bekanntheit erlangte das Kloster auch als Auffangstation jüdischer Kinder, denen nach dem Zweiten Weltkrieg hier wieder Lebensmut und Lebensfreude vermittelt wurden.

6 Zwischen Dachau und Oberschleißheim

Zum beeindruckenden Wittelsbacherschloss

leicht | 43 km | 90 Hm | 3.30 Std.

Highlight: Sehenswürdigkeit

Ausgangs- und Endpunkt
Bahnhof von Dachau

GPS
48.2547 N, 11.4437 O

Anfahrt
Bahn: Der Bahnhof Dachau liegt an der S 2 und der Bahnlinie München–Nürnberg.
Auto: Dachau ist von der A 8, der A 92 und der A 99 aus zu erreichen. Der Regattasee liegt an der B 471, die Dachau mit Oberschleißheim verbindet.
Parkmöglichkeit: Am Regattasee zwischen Dachau und Oberschleißheim

Tourencharakter
Eine einfache Radtour, die abgesehen von einigen Ortsdurchfahrten auf schmalen Nebenstraßen oder unbefestigten Rad- und Wirtschaftswegen verläuft. Es gibt nur wenig harmlose Anstiege. Mit etwas stärkerem Verkehr ist lediglich in den Ortsgebieten von Unterschleißheim, Haimhausen und Dachau zu rechnen.

Radkarte
ADFC-Regionalkarte 1:75 000, Blatt München

Bademöglichkeiten
Mehrere Badeseen entlang der Strecke

Information
Touristinformation Dachau, Tel. 08131/75286, www.dachau.de
Tourismus Schleissheim, Tel. 089/37558958, www.tourismus-schleissheim.de

Nördlich von München liegt die beschauliche Kreisstadt Dachau. Von dort führt uns diese gemütliche Runde vorbei an zahlreichen Badeseen zum großartigen Schloss Oberschleißheim. Über sanfte Hügel und durch das beschauliche Tal der Amper geht es danach zurück nach Dachau.

Zum imposanten Schloss Oberschleißheim Vom Bahnhof in Dachau fahren wir über den Bahnhofsplatz zur Bahnhofstraße und auf ihr nach links. Nach 100 Metern links in die Augustenfeldstraße und an ihrem Ende unter der Bahnlinie hindurch. Nach der Radunterführung radeln wir auf der Augustenfeldstraße nach rechts. An ihrem Ende geht es über eine Vorfahrtsstraße auf eine Brücke und dann unter der B 471 hindurch nach Rothschwaige. Hier biegen wir links haltend in die Grünlandstraße ein, radeln vor einem Bach nach rechts und bald links über eine Brücke auf einen Wirtschaftsweg. Vor ei-

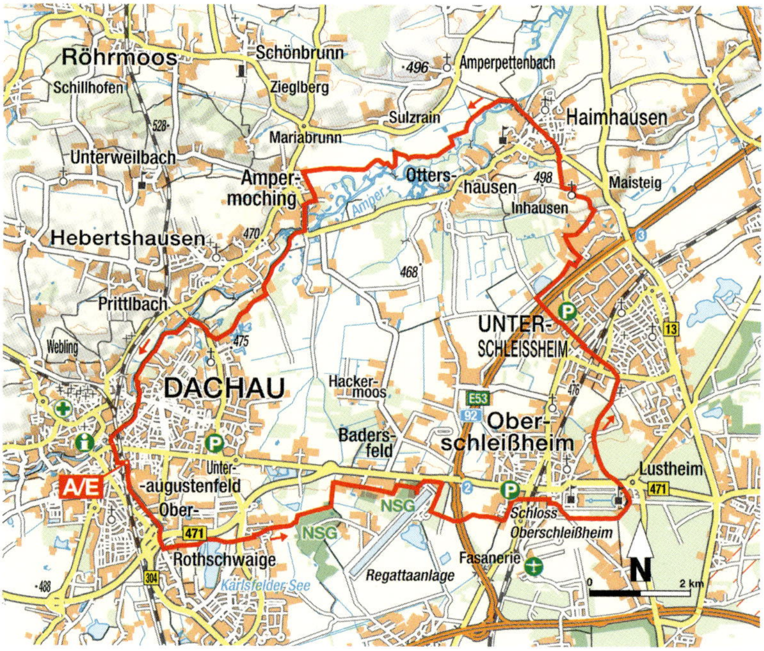

Die beeindruckende Gartenfassade von Schloss Oberschleißheim

nem Wald halten wir uns links und biegen nach kurzer Fahrt rechts auf einen Teerweg ein. Nun können wir den Radwegweisern nach Oberschleißheim folgen. Wir radeln am Karlsfelder See vorbei, dann unter einer Straße hindurch und durch eine Siedlung. Anschließend geht es an Wasserläufen entlang bis kurz vor die B471. Unser Weg läuft nun parallel zur Bundesstraße zur Olympia-Regattastrecke.

Nach der Zufahrt rechts haltend gelangen wir zu den Besucherparkplätzen und biegen auf Höhe der Tribünen links auf einen schmalen Waldweg. ab. Bald radeln wir über die Autobahn und dann im Bogen links zu einer Kreuzung am Ortsrand von Oberschleißheim. Wir fahren auf der Veterinärstraße rechts zum Alten Schloss Oberschleißheim und geradewegs über den Wilhelmshof und den Maximilianshof zur Westfassade des Neuen Schlosses von Oberschleißheim.

Guten Appetit

Leider wird Dachau aufgrund des ersten KZs meist nur mit dem dunkelsten Kapitel der deutschen Geschichte in Verbindung gebracht. Dabei beherbergte die Stadt in der zweiten Hälfte des 19. Jahrhunderts eine der bedeutendsten Künstlerkolonien in Deutschland. Und Dachau besitzt eine hübsche Altstadt mit alten Bürgerhäusern und ein sehenswertes, barock umgebautes Renaissanceschloss. Wer zum Abschluss der Tour in Dachau einkehren möchte, der kann sich im historischen, nahe der Stadtkirche gelegenen Zieglerbräu mit leckeren bayerischen Spezialitäten verwöhnen lassen. Besonders schön sitzt man im gemütlichen Wirtsgarten oder auf der Panorama-Terrasse (www.zieglerbraeu.com).

Über sanfte Hügel nach Haimhausen Vor dem Neuen Schloss radeln wir rechts

zu einer Teerstraße und auf ihr links durch eine Schranke. Nach 250 Metern geht es links auf schmalem Weg am Schlosspark entlang zu einer Teerstraße. Wir folgen den Radwegweisern nach links und radeln links haltend am Schloss Lustheim vorbei zur B471, die vorsichtig überquert wird. Jenseits links auf einen Forstweg, vorbei an der Berglwirtschaft und schließlich auf schmaler Teerstraße links haltend zum Ortsrand von Unterschleißheim. Wir überqueren den breiten Münchner Ring, fahren wenige Meter geradeaus und folgen links haltend einem Weg, der uns geradeaus durch Unterschleißheim führt. Bald geht es unter der Bahnlinie hindurch zur Hauptstraße. Kurz nach rechts und dann links in den Furtweg. Wir fahren über die breite Landshuter Straße und von einer Weggabelung am Ortsrand rechts über die Autobahn zum Unterschleißheimer See.
Hier radeln wir rechts nach Inhausermoos, nach dem Sportplatz links in den Birkenweg und an seinem Ende rechts in den Moosweg. Bald fahren wir links aufwärts nach Inhausen, folgen nach der Kirche einer Vorfahrtsstraße kurz nach links und biegen dann rechts auf ein schmales Sträßchen ab, das uns zu einem Kreisverkehr führt. Hier geht es geradeaus ins nahe Haimhausen, an der Gabelung links in die Brunnenfeldstraße und nach kurzer Fahrt rechts in die Bayernstraße. An ihrem Ende fahren wir auf der Hauptstraße kurz nach links, nach wenigen Metern an der Gabelung nach rechts und erneut rechts auf die Amperpettenbacher Straße.

Auf dem Amper-Radweg nach Dachau

Nach der Amperbrücke radeln wir links auf einem Kiesweg zum kleinen

Badesee Heiglweiher. Anschließend geht es im Zickzack nach Ampermoching. Vor den ersten Häusern fahren wir links in die Alternstraße und an ihrem Ende auf einer Querstraße rechts zur Hauptstraße. Auf ihr links aus dem Ort und kurz nach der Amperbrücke rechts in eine Nebenstraße. Nach 300 Metern biegen wir rechts auf einen Kiesweg ein und erreichen entlang der Amper eine Teerstraße. Auf ihr nach links und bald rechts in die Neufeldstraße und geradewegs zum Stadtrand von Dachau.
Das Sträßchen knickt nach links und nach kurzer Fahrt radeln wir rechts zur Hauptstraße. Auf ihr nach rechts und auf dem Radweg bis vor die Amperbrücke. Wir biegen links auf ein Sträßchen ab und folgen nun immer der Amper, bis wir unmittelbar nach der Eisenbahnbrücke nach links abbiegen. Wer einen Abstecher zur Altstadt von Dachau unternehmen will, folgt nach kurzer Fahrt dem Ammer-Amper-Radweg nach rechts. Nach 600 Metern kann man dann rechts über die Amperbrücke und den Karlsberg zur Altstadt hinaufradeln.
Wir radeln aber Richtung Bahnhof an der Bahnlinie entlang bis zu einer Straßenunterführung. Hier rechts hoch zur nahen Ampel, links über die Straße und anschließend auf dem Radweg entlang der Frühlingstraße zurück zum Bahnhof von Dachau.

Linke Seite oben: Am Ostende der Schleißheimer Schlossgärten liegt Schloss Lustheim.

Linke Seite Mitte: Im Sommer kann man sich im Heiglweiher bei Heimhausen erfrischen.

Linke Seite unten: Ohne Steigungen radeln wir an der Amper entlang.

Oberbayern-Erfahrung: Schloss Oberschleißheim

Anfang des 17. Jahrhunderts ließen sich die Wittelsbacher in Oberschleißheim ein Herrenhaus zum sogenannten Alten Schloss umbauen und Ende des 17. Jahrhunderts erbaute Kurfürst Max Emanuel in 1,3 Kilometer Entfernung Schloss Lustheim. Damit war die Achse der gesamten Schloss- und Gartenanlagen in Oberschleißheim festgelegt. Ab dem Jahre 1700 wurde nach Plänen des Hofarchitekten Enrico Zuccalli mit dem Bau des Neuen Schlosses begonnen, das mit einer Länge von 169 Metern zu den größten Barockanlagen zählt. Nach einer langen Unterbrechung während des Spanischen Erbfolgekriegs wurden die Arbeiten unter der Leitung von Joseph Effner, der das Erscheinungsbild des Schlosses weitgehend prägte, wiederaufgenommen. Die verschwenderische Prunkentfaltung jener Zeit dokumentiert sich in zahlreichen Prunkräumen und Sälen und im imposanten Treppenhaus. Die gesamte Innenausstattung – Malereien, Stuck, Möbel und vieles mehr – wurde von herausragenden Künstlern des 18. Jahrhunderts gestaltet. Aus einer von Kurfürst Max Emanuel gegründeten Gemäldesammlung entstand im Schloss die Staatsgalerie Europäischer Barockmalerei mit einer Vielzahl von Gemälden. Zwischen dem Neuen Schloss und Schloss Lustheim erstrecken sich ausgedehnte Gartenanlagen mit breiten Wasserläufen und imposanten Springbrunnen, in denen einstmals ausschweifende Gartenfeste gefeiert wurden.

7 Ampertal und Region Fürstenfeldbruck

Zu den Kirchen im Brucker Land

mittel | 35 km | 240 Hm | 3.00 Std.

Highlight: Sehenswürdigkeit

Ausgangs- und Endpunkt
Bahnhof in Fürstenfeldbruck

GPS
48.1722 N, 11.2624 O

Anfahrt
Bahn: Fürstenfeldbruck liegt an der S4 und der Bahnlinie von München in das Allgäu.
Auto: Fürstenfeldbruck liegt an der B471, die von der Anschlussstelle Dachau/Fürstenfeldbruck an der A8 zur Anschlussstelle Inning an der A96 führt.
Parkmöglichkeit: Am Kloster Fürstenfeld oder an der St.-Rasso-Kirche in Grafrath

Tourencharakter
Die Tour verläuft teils auf verkehrsarmen Nebenstraßen und teils auf unbefestigten Wirtschaftswegen. Mit stärkerem Verkehr ist nur im Stadtgebiet von Fürstenfeldbruck zu rechnen. Nur rund um Grafrath sind einige steilere, aber nicht allzu lange Anstiege zu bewältigen.

Radkarte
ADFC-Regionalkarte 1:75000, Blatt Bayerische Seen

Bademöglichkeiten
An der Amper bei Schöngeising

Information
Infopoint im Rathaus Fürstenfeldbruck, Tel. 08141/281 33 34 oder Infopoint im Kloster Fürstenfeld (auch am Wochenende) Tel. 08141/62 26 06, www.fuerstenfeldbruck.de

Das malerische Ampertal und stille Moränenhügel bilden heute die Rahmenbedingungen für unsere Tour. Das Hauptaugenmerk liegt allerdings auf den bemerkenswerten Wallfahrts- und Klosterkirchen, die das Bild der uralten Kulturlandschaft des Brucker Lands prägen.

Durchs Ampertal nach Grafrath Vor dem Bahnhof von Fürstenfeldbruck halten wir uns links und lassen die Räder zur breiten Hauptstraße hinabrollen. Auf dem Radweg fahren wir nach links und vor dem nahen Klostergelände von Fürstenfeld auf dem Ammer-Amper-Radweg nach links. Vorbei an der Klosterkirche und am Klosterstüberl geht es zu einer Querstraße. Auf ihr nach links und nach der Bahnlinie rechts in eine Nebenstraße. Nun radeln wir immer geradeaus, bis wir kurz nach dem Zellhof auf eine Querstraße treffen. Auf ihr kurz nach rechts und dann rechts über zwei schmale Brücken nach Schöngeising.

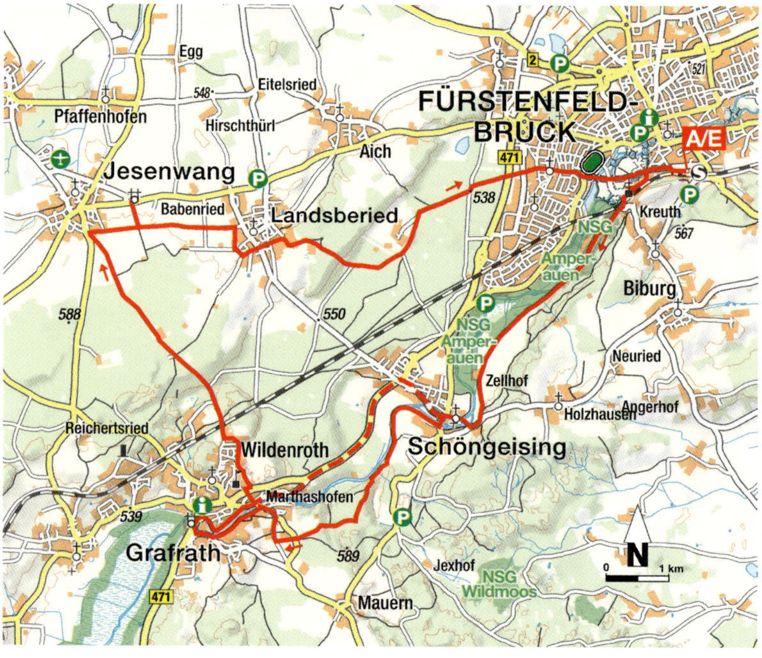

Wir radeln an der Kirche vorbei zu einer Vorfahrtsstraße, der wir nach links folgen. Vor der nahen Amper müssen wir uns für einen von zwei möglichen Weiterwegen entscheiden. Die einfachere und kürzere Variante folgt dem Ammer-Amper-Radweg rechts bis nach Grafrath. Dort fährt man bei erster Gelegenheit links über die Amper und biegt nach der Brücke rechts in die Badstraße ein, auf der beide Varianten zusammenlaufen.

Schöner, aber auch anstrengender ist die zweite Variante. Wir überqueren die Amper und biegen nach der Brücke rechts in den Senserweg ab. Am Ortsrand geht es rechts zur Amper. Nun links immer so nahe wie möglich an der Amper flussaufwärts. Im Wald bringt uns ein kurzer steiler Anstieg auf die Hochfläche. Rechts kann man hier an einer Hinweistafel den interessanten Schlossberg erkunden.

Die Kirche von Schöngeising steht auf uraltem Kulturgrund.

Wenige Meter nach der Hinweistafel zum Schlossberg halten wir uns an der Weggabelung links und fahren geradewegs durch den Wald. Nach 800 Metern biegen wir der Beschilderung des NahTour-Bands folgend scharf rechts auf einen guten Forstweg, der uns geradewegs zu einer Teerstraße bringt. Jenseits auf grünem Weg links am Sportplatz vorbei und dann auf schmaler Teerstraße nach rechts. Auf ihr gelangen wir geradeaus abwärts zum Ortsrand von Grafrath und auf der Vorfahrtsstraße links hinab zur Amper. Vor der Brücke biegen wir links in

Guten Appetit

Für einen erholsamen Zwischenstopp ist der Gasthof Zum Unter'n Wirt in Schöngeising genau das Richtige. Im gemütlichen, von Kastanienbäumen beschatteten Biergarten kann man warme Gerichte, eine Brotzeit oder ein leckeres Bauerneis genießen. Die Zutaten stammen großteils aus der Region. Wer zu Hause vergessen hat, seinen E-Bike-Akku zu laden, der kann das hier nachholen. Das Beste ist jedoch die herrliche Bade- und Liegewiese am Ufer der Amper. Nach einem Sprung ins kühle Nass stehen sogar eine kalte Dusche und Umkleidekabinen kostenlos zur Verfügung (Mo und Di Ruhetag, www.unterwirt-schoengeising.de).

Rechte Seite: Die mächtige Barockfassade der Kirche von Kloster Fürstenfeld

die Badstraße ab. Nach einem Kilometer stoßen wir auf eine Vorfahrtsstraße, der wir nach rechts folgen. An der nächsten Querstraße rechts zur nahen B471, über die wir zur Wallfahrtskirche St. Rasso gelangen.

Durchs Hügelland nach Fürstenfeldbruck Von der Wallfahrtskirche radeln wir auf der Bundesstraße rechts über die Amper. Am Kreisverkehr biegen wir in die erste rechts abgehende Straße. Nach 500 Metern wechseln wir geradewegs auf eine Vorfahrtsstraße und lassen die Räder zu einer Kreuzung abwärtsrollen. Wir folgen dem Radwegweiser nach Jesenwang links in die Schlossbergstraße. Nun geht es kurz steil aufwärts und danach unter der B471 hindurch zu einer Querstraße. Auf ihr rechts aufwärts und bald auf schönem Kiesweg durch die sanft gewellte Landschaft. Wir radeln geradeaus, bis unser Weg nach links knickt und an einer Querstraße endet. Auf ihr fahren wir rechts aus dem Ort und unter der Bahnlinie hindurch. Das Sträßchen geht geradewegs in einen Forstweg über, der uns durch den Fürstenfelder Wald nach Jesenwang führt. Vor den ersten Häusern biegen wir rechts in die Poststraße ein und radeln geradewegs Richtung Landsberied. Nach 700 Metern erreichen wir eine Kreuzung, an der wir links einen Abstecher zur Wallfahrtskirche St. Willibald unternehmen.

Die Amper bei Grafrath ist im Sommer ein beliebtes Ausflugsziel.

Vom Gotteshaus radeln wir zurück zur Wegkreuzung und dann links in das nahe Landsberied. Noch vor den ersten Häusern biegen wir rechts in ein nach Schöngeising ausgeschildertes Teersträßchen ab und stoßen nach dem Dorfwirt auf einen Querweg. Auf ihm geht es wenige Meter nach links, anschließend rechts zur Grünbergstraße und auf ihr links zur Hauptstraße, die überquert wird. Wir folgen der Radwegbeschilderung des NahTourBands, die uns auf der Schlossbergstraße zum Waldrand führt. Hier geradewegs auf einen Forstweg, an der nächsten Kreuzung fahren wir

scharf nach rechts und dann an der Weggabelung vor einem Wasserturm wieder nach rechts.
Wir radeln am Waldrand entlang und treffen im Wald auf einen breiten Querweg, auf dem wir links Richtung Fürstenfeldbruck fahren. Nach den Wiesen von Rothschwaig radeln wir an einer Wegkreuzung geradewegs in den Wald. Wir folgen nun immer den Radwegweisern. Der Forstweg geht schließlich in eine Teerstraße. Sie führt uns über die B 471 geradewegs hinein nach Fürstenfeldbruck. Nach einer kurzen Abfahrt überqueren wir die breite Schöngeisinger Straße und erreichen nach der Amperbrücke das nahe Kloster Fürstenfeld. Am Ende des Klostergeländes kann man links der Radbeschilderung ins historische Zentrum von Fürstenfeldbruck folgen. Geradeaus ist auf bekannter Strecke der Bahnhof von Fürstenfeldbruck schnell erreicht.

Oberbayern-Erfahrung: Wallfahrts- und Klosterkirchen

Im Brucker Land lassen sich einige sehenswerte Kirchen zu einer Radrunde verbinden. In Grafrath machen wir Station an der Wallfahrtskirche St. Rasso, deren Ursprung ins frühe Mittelalter zurückreicht. In der Kirche findet man das Grab des Stifters, der hier auf einer Amperinsel Kirche und Kloster gründete. Das Kloster wurde im 12. Jahrhundert nach Dießen verlegt und die Reliquien kamen nach Andechs. Die Gebeine des verehrten Gründers sind seit dem barocken Kirchenneubau in einem Glasschrein am Hochaltar zu sehen.
Nächster Zwischenstopp ist die Wallfahrtskirche St. Willibald bei Jesenwang (geöffnet Sa, So und feiertags von 9–18 Uhr). Die im 15. Jahrhundert erbaute Kirche besitzt die größte bemalte Holzbalkendecke Altbayerns. Einmalig ist der sogenannte Willibaldsritt, eine seit 1712 am Sonntag um den 7. Juli stattfindende Pferdewallfahrt, bei der durch die Kirche geritten wird.
Abschluss und Höhepunkt der Tour ist die Kirche von Kloster Fürstenfeld. 1256 ließ der Bayernherzog Ludwig der Strenge das Kloster als Sühne dafür erbauen, dass er seine Frau hatte hinrichten lassen. Was wir heute bestaunen können, ist ein barocker Klosterneubau, in dessen Zentrum die monumentale Klosterkirche steht. Der weite lichtdurchflutete Kirchenraum besticht durch seine prächtige Ausstattung, für die neben anderen herausragenden Künstlern vor allem die Gebrüder Asam verantwortlich sind.

Zwischen Lech und Isartal

Die romanischen Doppeltürme der Klosterkirche von Steingaden (Tour 11) (o. li.). Das imposante Bayertor in Landsberg am Lech (Tour 8) (o. re.). Das Murnauer Moos liegt am Fuß der Berge (Tour 14) (u. re.). Der gemütliche Marienplatz in Weilheim (Tour 10) (u. li.).

8 Im Süden von Landsberg

Das Lechtal und die Hügel des Lechrains

mittel | 38 km | 240 Hm | 3.30 Std.

Highlight: Stadtspaziergang

Ausgangs- und Endpunkt
Bahnhof von Landsberg am Lech

GPS
48.0478 N, 10.8714 O

Anfahrt
Bahn: Der Bahnhof in Landsberg ist der Endpunkt einer Nebenstrecke der Bahnlinien von München nach Lindau.
Auto: Landsberg liegt nahe der A96 und ist über mehrere Ausfahrten zu erreichen.
Parkmöglichkeit: Gute Parkmöglichkeiten an der Wallfahrtskirche in Vilgertshofen

Tourencharakter
Zu Beginn ist ein steiler Schiebberg in der Landsberger Altstadt zu überwinden, dann geht es in beständigem Auf und Ab durch das Hügelland des Lechrains. Die Anstiege sind alle nur kurz und nicht allzu steil. Bis Stadl verläuft die Tour meist auf geteerten Nebenstraßen und Wirtschaftswegen, anschließend im Tal des Lechs auf unbefestigten Wegen.

Radkarte
ADFC-Regionalkarte 1:75000, Blatt Bayerische Seen und Blatt Augsburg und Umgebung

Bademöglichkeiten
Am Lech südlich von Landsberg

Information
Tourismusverband Ammersee-Lech, Tel. 08191/128247, www.ammersee-lech.de

Durch das aussichtsreiche Hügelland des Lechrains führt uns diese Tour zur Wallfahrtskirche in Vilgertshofen, die zu den bedeutendsten Barockkirchen in Bayern zählt. Am Lech entlang geht es schließlich zurück in die romantische Altstadt von Landsberg.

Durch die Altstadt ins Hügelland Vom Bahnhof Landsberg fahren wir vor zur Hauptstraße und auf ihr links über den Lech zum Hauptplatz in der Altstadt. Am oberen Ende des Platzes schieben wir die Räder durch den malerischen Schmalzturm. Wir überqueren die Straße und schieben dann weiter auf der Alten Bergstraße zum Bayertor hinauf. Vor dem Tor fährt man geradewegs über den Kreisverkehr in die nach Pürgen ausgeschilderte Weilheimer Straße. Nach 200 Metern geht es links auf dem Reischer Talweg ins nahe Reisch. Wir treffen kurz vor dem Ort auf eine Straße, auf der wir rechts ins Dorf radeln. In Reisch auf der Querstraße nach links und auf der Hauptstraße an der Kirche vorbei. Nach kurzer Fahrt biegen wir rechts auf die schmale Angerstraße ab,

Der herrliche Hauptplatz mit dem Schmalzturm ist das Zentrum der Landsberger Altstadt.

Linke Seite: Blick über den Lech zur Altstadt von Landsberg

die uns geradewegs aus dem Ort führt. Bald überqueren wir eine Straße und fahren über einen sanften Hügel auf den Wald zu. Der Teerbelag setzt aus und sanft ansteigend geht es durch den schattigen Wald. Ein scharf nach rechts abknickender Weg bleibt unbeachtet und wenige Meter weiter halten wir uns an einer Gabelung rechts. Nach einem etwas steileren Anstieg erreichen wir eine Wegkreuzung. Wir biegen in den zweiten Weg rechts ein, der nach Hagenheim ausgeschildert ist. Ohne Mühe führt er uns aus dem Wald und über die Felder zur viel befahrenen Kreisstraße. Auf ihr fahren wir wenige Meter nach links und dann rechts auf einem Feldweg zu einem geteerten Wirtschaftsweg. Hier links zu einer Straße am Ortsrand von Hofstetten. Auf ihr radeln wir nach rechts und bei nächster Gelegenheit links in das Dorf. Nun geradewegs bis zu einer Kreuzung mit verschiedenen Radwegweisern.

Durchs Lechrain zur Wallfahrtskirche Auf der Vorfahrtsstraße geht es nach rechts und an den beiden folgenden Gabelungen jeweils rechts haltend aus dem Dorf. Nach kurzer Fahrt vor der letzten Hofstelle wieder nach rechts und im Auf und Ab

Guten Appetit

Wenn man gegen Ende der Runde am Klösterl die ersten Häuser der Landsberger Altstadt erreicht, liegt links der malerische Lechgarten. Bevor man zum Abschluss der Tour noch die malerische Altstadt von Landsberg erkundet, bietet sich dort eine Verschnaufpause an. Verwöhnt von der Abendsonne kann man hier in dem idyllisch am Ufer des Lechs gelegenen typischen bayerischen Biergarten die Tour ausklingen lassen. Mit einem Augustiner-Bier vom Fass, leckerem Obatzten oder einer anderen Brotzeit, die man auch selbst mitbringen kann, sind schnell neue Kräfte gewonnen (www.lechgarten.de).

zum Beginn eines längeren Anstiegs. Wir biegen links ins nahe Obermühlhausen ab und fahren im Dorf rechts in die Bergstraße, die sich zur Landstraße hinaufwindet. Auf ihr fahren wir nach rechts und nach 200 Metern kurz vor dem Ortsende links in das Sträßchen Kronberg. An der ersten Kreuzung in den Feldern biegen wir rechts ab. An der folgenden Gabelung halten wir uns links und folgen der schmalen Teerstraße, bis wir auf eine Vorfahrtsstraße treffen. Auf ihr 400 Meter nach links und dann bei erster Gelegenheit rechts auf eine schmale Teerstraße, der wir nach Thaining folgen.

Im Ort fahren wir an einer Doppelkreuzung links auf dem Mühlenweg zur Ortsdurchfahrt und auf ihr nach links. Kurz vor dem Ortsende geht es links in den Postweg. Wir radeln geradewegs über die Umgehungsstraße nach Issing. An der ersten Kreuzung rechts zur Durchgangsstraße und auf ihr nach links. Vor dem Kirchhügel rechts auf der Reichlinger Straße aufwärts zum Ortsrand. Hier rechts auf der Vilgertshofer Straße zur Umgehungsstraße, die wir überqueren. Jenseits auf dem Radweg kurz nach rechts und dann links auf die Straße, die uns über eine Vorfahrtsstraße zur berühmten Wallfahrtskirche von Vilgertshofen führt. Das Ende des 17. Jahrhunderts errichtete Gotteshaus zählt zu den eindrucksvollsten Barockkirchen in Oberbayern. Der Innenraum besticht mit prächtigen Stuckarbeiten und kunstvollen Altären.

Rechte Seite: Die wundervolle barocke Wallfahrtskirche von Vilgertshofen

Oberbayern-Erfahrung: Landsberg am Lech

Im 12. Jahrhundert wurde Landsberg an einem wichtigen Lechübergang von Heinrich dem Löwen gegründet und entwickelte sich schnell zu einer bedeutenden Handelsstadt. Heute begeistert das an der Romantischen Straße gelegene Landsberg mit seiner mittelalterlich-barocken Altstadt, die zu den schönsten in Oberbayern zählt. Eine Besichtigungstour startet man am besten am malerischen Marienbrunnen am weiten Hauptplatz, einem der schönsten Stadtplätze weit und breit. Hier steht das prächtige Rokokorathaus. Die Stuckfassade schuf Dominikus Zimmermann – Bürger und zeitweise auch Bürgermeister von Landsberg. Überragt wird der Hauptplatz vom Schmalzturm, der auch »Schöner Turm« genannt wird. Der im 14. Jahrhundert erbaute Turm ist Teil der weitgehend erhaltenen mittelalterlichen Stadtbefestigung. Vorbei am Schmalzturm führt die alte Bergstraße, auf der auch unsere Tour verläuft, hinauf zum eindrucksvollen, 1425 erbauten Bayertor (1425) am oberen Rand der Altstadt. Auf halbem Weg zum Tor kann man links einen Abstecher zur Jesuitenkirche Heilig-Kreuz mit wundervoller Rokokoausstattung machen. Zurück am Stadtplatz führt ein kurzer Abstecher auf der Ludwigstraße zur Stadtpfarrkirche Mariä Himmelfahrt mit wertvoller mittelalterlicher und barocker Ausstattung.

Durchs Lechtal nach Landsberg Wir radeln geradewegs an der Kirche vorbei und dann weiter nach Stadl. Jetzt über die Landstraße bis vor die Kirche. Wir lassen die Räder links ein kurzes Stück bergab rollen und biegen danach rechts in die Wolfmüllerstraße. Sie geht in einen unbefestigten Feldweg über, der am Waldrand bergab verläuft. Nach einem Rechtsknick weist uns ein Radwegweiser links auf einen Waldweg. An der nächsten Kreuzung auf dem Querweg radeln wir kurz nach rechts und an einer nahen Kreuzung wieder nach rechts. Aufwärts geht es jetzt zu einer Kreuzung mit einigen Radwegweisern. Wir fahren geradeaus, an der nächsten Kreuzung nach links und bald auf breitem Querweg nach rechts. Nach 150 Metern biegen wir in die zweite links abgehende Forststraße ein und radeln abwärts zu den Feldern im Lechtal. Wir treffen auf einen Querweg, der uns rechts nach Pitzling führt.

Wir fahren geradewegs in den Ort und auf der Reitenstraße abwärts zu einer Vorfahrtsstraße. Jetzt geht es kurz nach rechts und an der Kirche links in die Seestraße. Der Weg führt uns nun am Lechufer entlang zurück nach Landsberg. Kurz nach dem Gasthaus Klösterl treffen wir neben der Lechbrücke auf die breite Hauptstraße. Hier fahren wir entweder links zum Bahnhof von Landsberg oder rechts in die Altstadt.

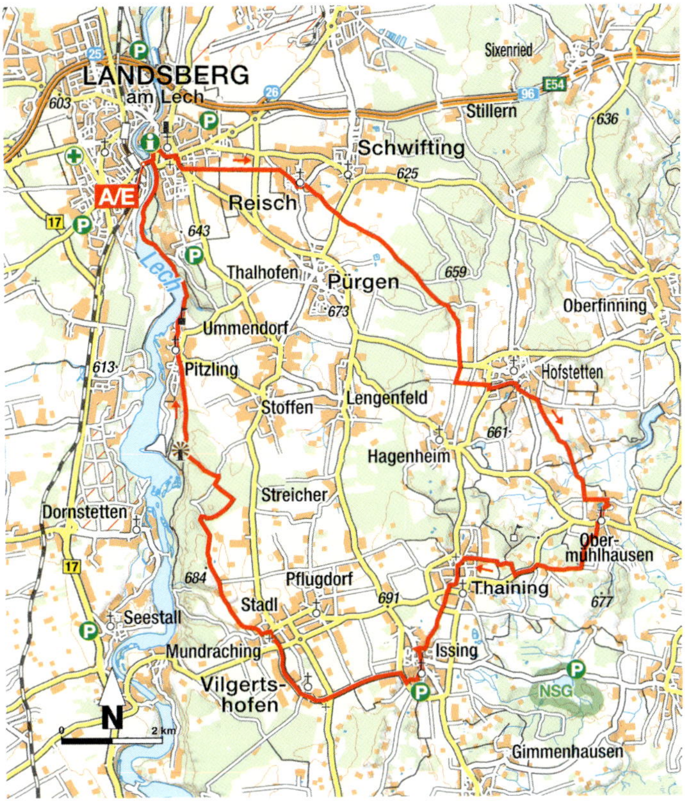

9

Am Westufer des Ammersees

Der Himmel über Dießen

mittel | 35 km | 200 Hm | 3.00 Std.

Highlight: Sehenswürdigkeit

Ausgangs- und Endpunkt
Bahnhof von Dießen

GPS
47.9505 N, 11.1076 O

Anfahrt
Bahn: Dießen liegt an der Bahnstrecke, die von Augsburg über Geltendorf und Weilheim nach Schongau verläuft.
Auto: Dießen ist von der A96 über die Ausfahrt Greifenberg und die Staatsstraße 2055 zu erreichen.
Parkmöglichkeit: Parkplätze am Bahnhof in Dießen und gute Parkmöglichkeiten am Windachspeicher

Tourencharakter
Anfangs verläuft die Tour auf flachen Uferwegen entlang des Ammersees, dann im Auf und Ab durch das westliche Hügelland. Ein längerer, aber nicht allzu steiler Anstieg ist nach Utting zu überwinden. Die verkehrsarme Tour führt meist über geteerte Nebenstraßen, längere Abschnitte auch auf unbefestigten Wirtschaftswegen.

Radkarte
ADFC-Regionalkarte 1:75000, Blatt Bayerische Seen

Bademöglichkeiten
In Dießen St. Alban, in Riederau, Holzhausen, Utting und am Windachspeicher

Information
Touristinfo Dießen, Tel. 08151/906010, www.ammersee-region.de

Zu Beginn führt uns die Tour am Ufer des Ammersees entlang, der uns mit schönen Badestellen lockt. Vorbei an einer keltischen Viereckschanze geht es anschließend durchs Hügelland zurück nach Dießen, wo wir im Marienmünster den »Dießener Himmel« bestaunen können.

Am See entlang nach Utting Vor dem Bahnhof Dießen wenden wir uns nach rechts und radeln entlang der Gleise über den großen Parkplatz. Nach kurzer Fahrt rechts über die Gleise und dann an der Bahnlinie entlang nach links. Wir folgen geradewegs einem Kiesweg und treffen bei dem Kirchlein von St. Alban auf eine Teerstraße, die kurz darauf nach links knickt. An der folgenden Kreuzung biegen wir rechts ab und radeln geradewegs nach Riederau. Rechts der Bahnlinie durch den Ort und dann auf einem Waldweg nach Holzhausen. Hier fahren wir geradeaus, bis wir neben einem Bahnübergang auf eine schmale Vorfahrtsstraße treffen. Auf ihr rechts nach Utting. Wir biegen nach dem Bahnübergang rechts in die Maria-Theresia-Straße ein. An ihrem Ende auf der Straße Im Gries nach links, am Dorfbrunnen vorbei und anschließend rechts kurz steil aufwärts zur Hauptstraße.

Hinauf zum Windachspeicher Wir folgen der Hauptstraße kurz nach links und biegen vor der Leonhardskirche rechts in die Entrachinger Straße ab. Nach wenigen Metern geht es rechts in die Achselschwanger Straße und auf dem schmalen Sträßchen über die Felder aufwärts. Nach dem ersten Anstieg ignorieren wir einen rechts abzweigenden betonierten Wirtschaftsweg und biegen 250 Meter weiter rechts auf einen Kiesweg ein. An der nächsten Kreuzung nach links und aufwärts zur herrlich gelegenen keltischen Viereckschanze, einem befestigten keltischen Gutshof. Der Wirtschaftsweg knickt kurz danach rechts zu einem Querweg, auf dem wir links nach Achselschwang radeln. Auf dem Quersträßchen nach links und an der nächsten Kreuzung den Radwegweisern folgend nach rechts. An der nächsten Gabelung geht es nach links und nach einem kurzen Anstieg auf dem Hauptweg an einigen Wochenendhäuschen vorbei. Wir radeln geradeaus, bis wir uns nach einem etwas holprigen Waldstück an einer Kreuzung rechts halten. Im Auf und Ab geht es nun zu einer Vorfahrtsstraße. Wir fahren kurz nach rechts und dann links geradewegs nach Oberfinning. Im Dorf radeln wir auf der vorfahrtsberechtigten Mühlstraße rechts zur Hauptstraße, die uns links zur Mariensäule im nahen Ortszentrum von Oberfinning bringt. Hier fahren wir auf der Stauseestraße geradewegs zum Ortsrand und dann unter dem Kreisverkehr an der Landstraße hindurch zur Nebenstraße, der wir geradewegs folgen. Nach einem Kilometer erreichen wir eine Gabelung. Wir halten uns rechts und radeln nach 400 Metern geradeaus zur Schranke vor den Betriebsgebäuden des Windachspeichers. Bei Badebetrieb im Sommer sollte man ab hier die Räder schieben. Vorbei an einer Informationstafel geht es zum nahen Stausee und über die Dammkrone hinüber zur Windachsee-Alm.

Kurz vor Ende der Tour radeln wir durchs malerische Dörfchen Wengen.

Durchs Hügelland nach Dießen Wir radeln jetzt geradewegs zur Hauptstraße und folgen ihr nach rechts. Nach 1,5 Kilometern biegen wir nach einer kurzen Abfahrt links nach Unterbeuern

Vorbei an Entraching geht es zum Windachspeicher.

Guten Appetit

Im Weiler Oberbeuern lohnt abseits der Ausflüglerströme ein Zwischenstopp im Hofcafé Villa Möstl. Dort wird man mit leckeren selbst gemachten Kuchen und Torten verwöhnt (Do–So 12–18 Uhr, www.hofcafe-moestl.de) Kurz bevor man in Dießen das sehenswerte Marienmünster erreicht, führt der Weg im Ortsteil St. Georg am Wirtshaus am Kirchsteig vorbei. Das urige Gasthaus mit kleinem Biergarten bietet neben typisch bayerischer Küche auch innovative Gerichte. Die gemütliche Atmosphäre wird durch die für die Ammerseeregion zivile Preisgestaltung abgerundet (geöffnet Mo, Do, Fr und Sa ab 18, So ab 11.30 Uhr, www.wirtshaus-am-Kirchsteig.de).

Die Tour endet am Dießener Ammerseeufer.

Rechte Seite innen: Dießener Himmel nennt man das Deckenfresko in der Dießener Klosterkirche.

ab. Auf schmalem Sträßchen gelangen wir in den Weiler und radeln dort rechts abwärts. Wir treffen auf ein Quersträßchen, auf dem wir links Richtung Dießen fahren. Nach etwa 400 Metern halten wir uns an einer Gabelung vor Oberbeuern rechts. Kurz vor Dettenhofen treffen wir auf eine Querstraße, der wir links abwärts zu einer nahen Kreuzung vor dem Beuerbach folgen.

Wir biegen rechts auf einen Kiesweg ein und folgen dem Bach zur Landstraße. Wenige Meter nach links und nach der Brücke rechts auf den Wirtschaftsweg. Wir fahren nach einem Kilometer an der Gabelung nach einem Brückchen auf dem Teersträßchen nach rechts und nach einem kurzen Anstieg geradeaus auf eine unbefestigte Forststraße. Sie führt uns geradewegs zur schmalen Landstraße, auf der wir nach rechts radeln. Nach 300 Metern biegen wir links in eine schmale Teerstraße ab, die abwärts zu einer Vorfahrtsstraße führt. Auf ihr geht es rechts abwärts in das Dörfchen Wengen. Geradewegs auf der Vorfahrtsstraße durch den beschaulichen Ortsteil von Dießen und abwärts in den Ortsteil St. Georg. Unterhalb der Kirche knickt die Hauptstraße nach links und wenige Meter weiter biegen wir rechts in das Sträßchen Am Kirchsteig ein. Wir treffen auf eine vorfahrtsberechtigte Querstraße, die uns links zur nahen Klosterkirche von Dießen bringt.

Durch einen Torturm links des Gotteshauses erreichen wir die Hauptstraße und lassen die Räder zu einer Kreuzung im Ortszentrum von Dießen abwärtsrollen. Hier gelangen wir gera-

deaus über die Hauptstraße und auf der verkehrsberuhigten Mühlstraße abwärts zum Untermüllerplatz. Links geht es am Unterbräu vorbei zurück zum nahen Bahnhof Dießen.

Johann Michael Fischer gestaltete die Barockfassade der Dießener Klosterkirche.

Oberbayern-Erfahrung: Marienmünster Dießen

Von den Grafen von Dießen wurde Anfang des 12. Jahrhunderts das Augustinerchorherrenstift Dießen gegründet, das bis zur Säkularisation die Geschicke der Marktgemeinde bestimmte. Bedeutendstes Bauwerk Dießens ist die ehemalige Klosterkirche Mariä Himmelfahrt, die mit ihrem schlanken Turm und der mächtigen Fassade das Ortsbild beherrscht. 1988 wurde sie zum Marienmünster erhoben. Nach romanischen und gotischen Vorgängerbauten wurde sie von 1732 bis 1739 vom berühmten Baumeister Johann Michael Fischer erbaut. Sie gilt als eines seiner Hauptwerke und als Perle der bayerischen Barockkunst. Die Stuckaturen, Altäre und die Kanzeln wurden von den besten Künstlern jener Zeit geschaffen. Berühmt sind die Deckenfresken von Johann Georg Bergmüller, die Szenen aus der Dießener Kirchengeschichte darstellen. Jenes in der Kuppel über dem Altarraum, in der die Aufnahme der seligen Mechthildis aus dem Haus Dießen ins Kloster dargestellt ist, wird »Dießener Himmel« genannt. Wer genau schaut, der entdeckt ein Selbstportrait des Künstlers mit Arbeitskittel und blauer Malermütze. Die Gebeine von Mechthildis, die im 12. Jahrhundert lebte, werden im Münster in einem Glasschrein am Magdalenenaltar aufbewahrt.

10 Von Raisting ins Ammertal

Naturparadiese an Ammer und Rott

leicht | 37 km | 100 Hm | 3.00 Std.

Highlight: Naturparadies

Ausgangs- und Endpunkt
Bahnhof von Raisting

GPS
47.9119 N, 11.1142 O

Anfahrt
Bahn: Raisting liegt an der Bahnlinie, die von Augsburg über Geltendorf und Weilheim nach Schongau führt.
Auto: Von der Ausfahrt Greifenberg an der A96 über die Staatsstraße 2055 nach Dießen am Ammersee und nach dem Ort rechts auf der Kreisstraße ins nahe Raisting. Oder vom Ende der A952 in Starnberg über die B2 bis kurz vor Weilheim und dann rechts über Pähl nach Raisting
Parkmöglichkeit: Gute Parkmöglichkeit in Raisting am Parkplatz am Radom

Tourencharakter
Die Tour verläuft auf wenig befahrenen Nebenstraßen und gut zu befahrenden Wirtschaftswegen, die auf kürzeren Abschnitten unbefestigt sind. Nur zwischen Peißenberg und Zellsee sind einige harmlose Anstiege zu überwinden.

Radkarte
ADFC-Regionalkarte 1:75000, Blatt Bayerische Seen

Bademöglichkeiten
Am Raistinger Baggersee und an der Ammer

Information
Touristinfo Weilheim, Tel. 0881/682731/732/733, www.weilheim.de

In Raisting mit seiner futuristischen Erdfunkstelle starten wir unsere Runde durch das ländliche Oberbayern. Sie führt uns durch die sanften Täler von Ammer und Rott. Ein Abstecher führt in die hübsche Altstadt von Weilheim mit ihren zahlreichen Cafés.

Durchs Ammertal nach Weilheim Vom Bahnhof Raisting radeln wir links auf schmalem Weg über die nahe Eisenbahnbrücke und an den Gleisen entlang geradewegs auf eine Vorfahrtsstraße. Nach wenigen Metern halten wir uns an der Straßengabelung rechts und fahren am Badesee von Raisting vorbei zum weithin sichtbaren Radom. Es wurde als erste Anlage der Erdfunkstelle Raisting in den 1960er-Jahren erbaut. Im Gegensatz zu den späteren Satellitenschüsseln wurde es noch zum Schutz vor Umwelteinflüssen mit einer Kugelhülle umgeben, die einen Durchmesser von fast 50 Metern hat. Im heute stillgelegten Radom, das unter Denkmalschutz steht, ist ein kleines Tech-

nikmuseum untergebracht (geöffnet von Juni bis Oktober am 1. und 3. Samstag des Monats 14–17 Uhr, Gruppenführungen auch nach Anmeldung, www.radom-raisting.de).

Wir folgen geradewegs der Straße zur kleinen aussichtsreich gelegenen Wallfahrtskirche St. Johann. Nach einem Blick in das Kirchlein lassen wir die Räder einen kurzen Berg hinabrollen. An der nächsten Kreuzung fahren wir auf dem Teersträßchen nach links und an der folgenden geradeaus zur Bahnlinie. Wir halten uns rechts und erreichen eine Kreuzung, von der wir links über die Ammer radeln. 200 Meter nach der Brücke folgen wir den Radwegweisern rechts auf den Ammerdamm. Nun bleiben wir immer auf dem östlichen Dammweg und erreichen nach 4,5 Kilometern die Ammerbrücke in Weilheim, unter der wir durchradeln. Nach weiteren 500 Metern treffen wir auf eine Radlerbrücke, an der unser Weg später über den Fluss führt. Zuvor leisten wir uns aber noch einen Abstecher in die sehenswerte

Südlich von Raisting führt der Weg am Johanniskirchlein vorbei.

Linke Seite: Raisting ist bekannt für seine Erdfunkstelle und als Storchendorf.

Oberbayern-Erfahrung: Störche und Eiben

Auf dieser aussichtsreichen Runde können wir ganz unterschiedliche Naturparadiese erleben. Start und Endpunkt ist das Dorf Raisting, das die größte Storchenkolonie Oberbayerns beherbergt. Ein einmaliges Erlebnis ist es, wenn sich an Sommerabenden rund um die Pfarrkirche dutzende Störche versammeln. Über naturnahe Wiesen geht es zur Ammer. Sie wurde in den letzten Jahren auf weiten Strecken renaturiert und bietet nun zahlreichen Pflanzen- und Tierarten wieder eine wilde Heimat. Der nächste Höhepunkt erwartet uns bei Paterzell. Hier blieb ein Wald mit einem der größten Eibenbestände Deutschlands erhalten. In dem 90 Hektar großen Gebiet wachsen 2300 der von Mythen umrankten Bäume. Schon 1913 wurde der Eibenwald als Naturdenkmal unter besonderen Schutz gestellt und seit 1939 ist er als Naturschutzgebiet ausgewiesen. Heute kann man den Wald mit seinen teilweise Jahrhunderte alten Eiben, denen magische Kräfte zugeschrieben werden, auf einem Eibenlehrpfad erkunden. Wenig später passieren wir den Zellsee, der ein Paradies für seltene Vogelarten ist. Ursprünglich wurde er künstlich angelegt, um das nahe Kloster Wessobrunn in den langen Fastenzeiten mit Fisch zu versorgen. Heute können im FFH-Schutzgebiet Naturfreunde seltene Tierarten wie die Rohrweihe oder den Fischadler beobachten.

Am Weilheimer Marienplatz lässt sich herrlich rasten.

Altstadt von Weilheim. Wir biegen links in den schmalen Badeweg ein, queren eine Straße und radeln unter der Bahnlinie hindurch zur Schwaigerstraße. Wenige Meter nach links und dann rechts zum Altstadtring, über den wir schräg rechts zum Theaterplatz radeln. An seinem Ende gelangen wir auf der schmalen Theatergasse zur Pöltnerstraße, die uns links zum Kirchplatz führt. Geradewegs geht es an der Stadtkirche vorbei zum nahen Marienplatz, der guten Stube im Herzen der Altstadt von Weilheim. Mit seinen bunten Hausfassaden und den Cafés verströmt er fast südländisches Flair. Das Alte Rathaus mit dem Stadtmuseum wird von der mächtigen frühbarocken Pfarrkirche überragt.

Zum Eibenwald von Paterzell Vom Marienplatz kehren wir nach einer Rast auf gleichem Weg zur Radlerbrücke zurück, auf der wir die Ammer überqueren. Jenseits folgen wir dem Dammweg nach links, radeln unter der Eisenbahnbrücke hindurch und wechseln nach einem Kilometer auf eine schmale Teerstraße, die uns geradewegs nach Oderding führt. An der ersten Kreuzung radeln wir rechts in die Unterdorfstraße und geradewegs zu einer Kreuzung außerhalb des Dorfs. Hier nach links und auf einem geteerten Weg immer gerade durch, bis wir kurz vor Peißenberg einen Querweg erreichen. An dieser Stelle geht es nach rechts und am Fuß eines Wiesenhügels links zum Ortsrand von Peißenberg. Wir folgen der Vor-

Ein aussichtsreiches Bänkchen oberhalb von Peißenberg

fahrtsstraße rechts hinauf und überqueren am Haltepunkt Peißenberg-Nord die Bahnlinie. An der Kreuzung nach den Gleisen fahren wir rechts auf der untergeordneten Straße und über einen aussichtsreichen Höhenrücken. Nach 2,5 Kilometern geradewegs durch den Weiler Kugelsbühl und auf schmalem Sträßchen durch Wald und über Wiesen abwärts. Vor dem Segelfluggelände von Paterzell biegen wir rechts auf einen Kiesweg ein und fahren dann auf dem geteerten Quersträßchen links zu einer Wegkreuzung an der Moosmühle. Wir halten uns rechts und radeln auf einem Wirtschaftsweg sanft ansteigend zu einer weiteren Wegkreuzung, von der wir rechts in den nahen Eibenwald von Paterzell fahren.

Guten Appetit

In Raisting kann man die Tour mit einer gemütlichen Einkehr ausklingen lassen. Im kurz vor Raisting gelegenen malerischen Ortsteil Stillern hat sich der weitläufige Biergarten des Biohofs Grenzebach zu einem beliebten Radlertreff entwickelt (geöffnet Sa, So und feiertags, www.hof-biergarten.de). Wenig später führt der Weg im Dorf am gemütlichen von Kastanien beschatteten Biergarten des Gasthofs Post vorbei. Von der eigenen Metzgerei mit Fleisch aus der Region versorgt, lässt die traditionelle bis innovative bayerische Küche keine Wünsche offen (geöffnet Mi–So und feiertags, www.post-raisting.de).

Durchs Tal der Rott nach Raisting Wir folgen geradewegs dem Hauptweg, der uns zu einer Straße am Zellsee-Hof bringt. Dort radeln wir kurz nach rechts und vor der Kreuzung links zu einer Unterführung, die unter der Landstraße hindurchführt. Jenseits auf dem Radweg geht es kurz nach links und dann rechts in eine schmale Nebenstraße. Sie führt uns durch das idyllische Tal der Rott, vorbei am Biohof-Biergarten im malerischen Weiler Stillern, nach Raisting. Wir radeln geradewegs zur Pfarrkirche, überqueren die Hauptstraße, und erreichen auf dem Kirchenweg die Bahnlinie und den rechts gelegenen Bahnhof Raisting.

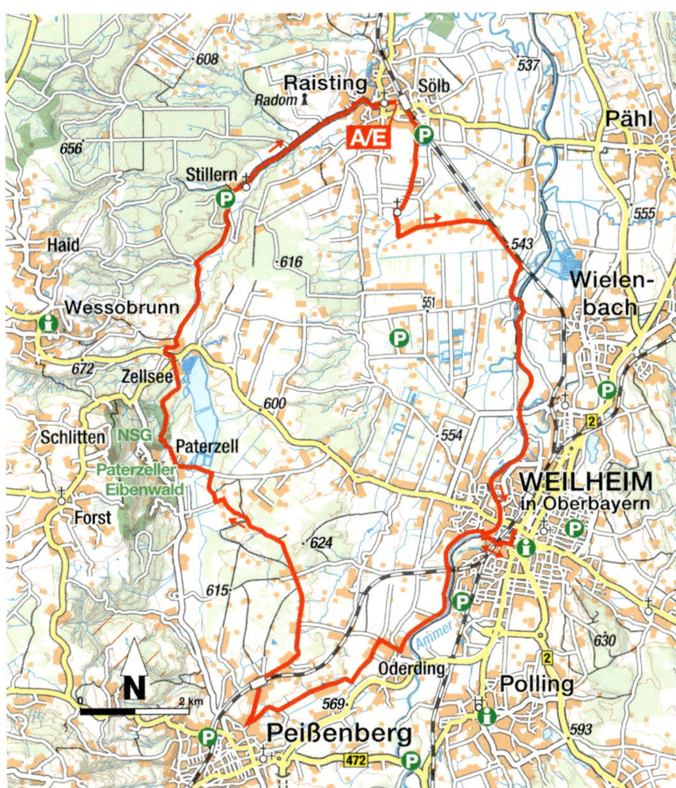

11

Von Schongau nach Steingaden

Rechts und links vom Lech

schwer | 44 km | 430 Hm | 4.00 Std.

Highlight: Sehenswürdigkeit

Ausgangs- und Endpunkt
Bahnhof Schongau

GPS
47.8123 N, 10.9021 O

Anfahrt
Bahn: Schongau liegt an der Bahnstrecke, die von Augsburg über Weilheim nach Schongau führt.
Auto: Bei Schongau kreuzen sich die B17, B23 und B472.
Parkmöglichkeit: Großer Parkplatz in Schongau südlich der Lechbrücke an der Lechuferstraße. Dazu von der Hauptortsdurchfahrt unmittelbar vor der Lechbrücke in Richtung Badezentrum Plantsch und Eishalle abbiegen.

Tourencharakter
Die Route verläuft, abgesehen von kürzeren Abschnitten in den Ortsgebieten auf gut zu befahrenden Wirtschaftswegen und auf geteerten, verkehrsarmen Nebenstraßen. Die zahlreichen Steigungen sind nie lang oder steil, sind in der Summe aber recht fordernd.

Radkarte
ADFC-Regionalkarte 1:75000, Blatt Bayerische Seen

Bademöglichkeiten
Am Lechstausee Urspring, bei Steingaden und im Schongauer Lechstausee

Information
Touristinfo Schongau, Tel. 08861/214181, www.schongau.de

Am Hinweg folgen wir der Via Claudia Augusta, der alten Römerstraße, die am Lech entlang nach Augsburg führte. Nach einer Rast am ehemaligen Kloster von Steingaden geht es auf dem Radweg Romantische Straße zurück zur malerischen Altstadt von Schongau.

Am Lech entlang nach Süden Vor dem Bahnhof Schongau überqueren wir an einer Ampel die Hauptstraße und folgen dem Radweg nach links. Vor der Lechbrücke biegen wir rechts in die Lechuferstraße ein und gelangen bald aufwärts zur Lechstaustufe Schongau. Wir folgen noch kurz geradewegs der Straße und biegen 100 Meter nach dem Abzweig zum Badestrand am Lechstausee scharf links in ein Nebensträßchen ein. Wir radeln am Waldrand entlang und dann geradewegs durch den Wald zu einer Forstwegkreuzung. Hier geht es nach links und immer geradeaus, bis wir auf einem Brückchen die breite B17 überqueren. Der Weg knickt nach rechts und folgt der Bundesstraße. Nach 500 Metern an einem ersten Brückchen geradewegs vorbei und an der Kreuzung neben der zweiten Brücke nach links. Im Auf und Ab fahren wir auf dem Hauptweg durch den

Guten Appetit

Nach gut der Hälfte der Tour und nach einer ausgiebigen Erkundung der eindrucksvollen Klosteranlage kommt eine Pause in Steingaden gerade recht. Besonders empfehlenswert ist hier die Klosterschänke, die man von der Klosterpforte aus über die Welfenstraße nach wenigen Metern erreicht. Im schattigen Biergarten kann man den Blick über den Klostergarten zur doppeltürmigen Klosterkirche genießen. Die abwechslungsreiche Speisekarte, die Qualität der Gerichte und die freundliche Bedienung lassen keine Wünsche offen (www.klosterschaenke.eatbu.com).

Die Türme des Welfenmünsters blicken auf den Marktplatz von Steingaden.

Wald und wechseln nach zwei Kilometern geradewegs auf ein Teersträßchen. Es führt uns über aussichtsreiche Wiesen Richtung Burggen. Biegt man kurz vor Burggen am Schwarzen Kreuz scharf links ab und hält sich dann rechts, kann man einen kurzen Abstecher zur Litzauer Schleife unternehmen, einer malerischen Flussschleife des Lechs. Der Weiterweg führt uns jedoch geradeaus bis zum Sportplatz von Burggen, an dem wir links auf einen Feldweg abbiegen.

Unter schattigen Bäumen radeln wir am Rand von Burggen zur Dessaustraße, auf der wir links das Dorf verlassen. An einer Weggabelung folgen wir den Radwegweisern rechts über den Steinbach und radeln auf dem herrlichen Panoramasträßchen auf die Berge zu. An einer Schranke beginnt die Abfahrt nach Dessau. An der Gabelung nach dem Gut geht es auf dem linken Sträßchen aufwärts zur Lechstaustufe 4. Auf angenehm flacher und aussichtsreicher Straße erreichen wir nach drei Kilometern die Lechstaustufe Urspring, auf der wir den Fluss überqueren. Bald führt die Straße links vom Lechufer weg nach Urspring. Wir radeln auf der Dorfstraße durch das Dorf und folgen am Ortsende den Radwegweisern Richtung Steingaden links auf den Eggweg. Durch die Wiesen geht es steil auf einen aussichtsreichen Wiesenhügel. Vom Hügel lassen wir die Räder jenseits bergabrollen und radeln geradewegs durch Steingaden bis zur B17. An einer Ampel überqueren wir die Bundesstraße und erreichen über den Marktplatz das ehemalige Kloster Steingaden.

Ein malerischer Erker in der Altstadt von Schongau

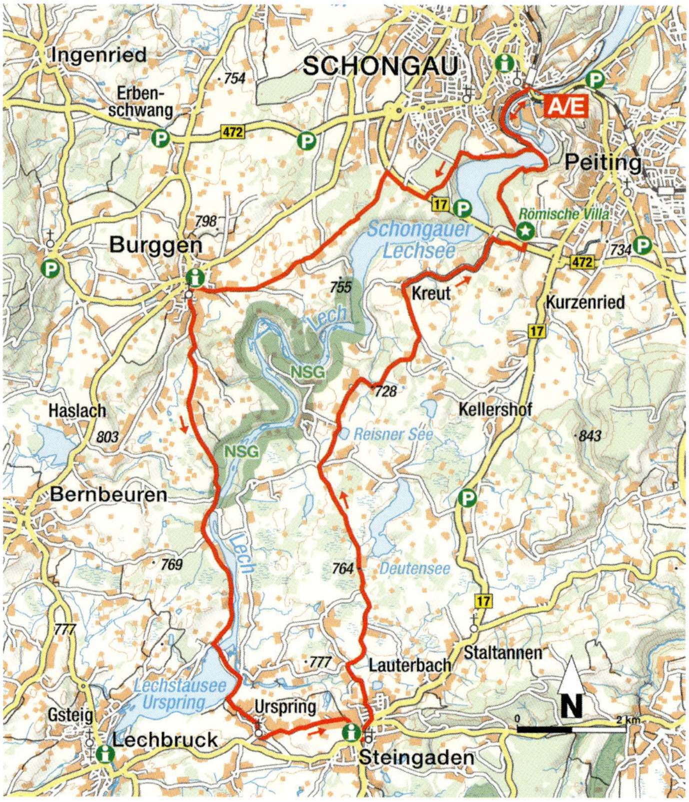

Die überdachte Ausgrabung der römischen Villa von Peiting

Auf dem Radweg Romantische Straße nach Schongau Vom Marktplatz radeln wir nach der Kirchenbesichtigung rechts am Gasthof Zur Post vorbei in eine Gasse und geradewegs weiter zur B 17. Auf der Bundesstraße fahren wir 100 Meter nach rechts und dann links in die Hammerschmiedstraße. An ihrem Ende biegen wir rechts in die Aggensteinstraße ab und folgen an der nächsten Kreuzung der Vorfahrtsstraße nach links. Nach kurzer Fahrt lohnt rechts ein Abstecher zu den Badestellen am Bismarckweiher. Wir radeln aber geradewegs weiter und erreichen nach einer kurzen Abfahrt eine Weggabelung, an der wir uns rechts halten. Im Auf und Ab folgen wir geradewegs dem wundervollen Sträßchen, bis wir nach fünf Kilometern bei Riesen eine sternförmige Kreuzung erreichen. Wir fahren halb rechts Richtung Schongau und halten uns an der Gabelung nach dem kleinen Riesener See rechts.

Im Auf und Ab führt uns das Sträßchen durch Wald und über Wiesen zu einer Querstraße, auf der wir links nach Kreut radeln. An der Kreuzung nach rechts und über die Hügel zur B 17. Kurz vor der Brücke über die Bundesstraße biegen wir rechts in eine schmale Teerstraße ein, die in einen Kiesweg übergeht. Wir treffen auf ein Quersträßchen, das links über die B 17 führt. Nach der Brücke liegt rechts die römische Villa

von Peiting. Sie war vom 2. bis zum 4. nachchristlichen Jahrhundert bewohnt.
Geradewegs treffen wir auf eine Vorfahrtsstraße, der wir kurz nach links folgen. Wir biegen rechts in eine schmale Teerstraße und radeln geradewegs auf einer Forststraße durch den Wald und über die Lechstaustufe Schongau. Nach der Staustufe halten wir uns an der Kreuzung rechts und fahren auf dem vom Anfang der Tour her bekannten Weg zurück zum Bahnhof Schongau. Möchte man einen Abstecher hoch zur Altstadt von Schongau unternehmen, kann man von der Lechuferstraße den Radwegweisern zur Altstadt folgen. Oder man biegt an der Fußgängerampel vor dem Bahnhof links in die Bahnhofstraße und schiebt die Räder auf einem geteerten Weg hinauf zur nahen Altstadt.

Vorbei am historischen Ballenhaus geht der Blick zur Stadtkirche von Schongau.

Oberbayern-Erfahrung: Steingaden und Schongau

Zwei unterschiedliche Sehenswürdigkeiten prägen die heutige Tour. Auf halbem Weg liegt Kloster Steingaden, das in der Mitte des 12. Jahrhunderts vom Adelsgeschlecht der Welfen gegründet wurde. Die im 12. Jahrhundert erbaute Klosterkirche zeigt von außen noch deutlich ihren romanischen Ursprung. Romanisch sind auch noch das Westportal und die Rundkapelle am Eingang in den Klosterbezirk. Im Kreuzgang sind in der Brunnenkapelle gotische Fresken und in der Vorhalle der Kirche Renaissancefresken erhalten. Im Kirchenschiff bestechen die wundervolle Barock- und Rokokoausstattung und das Renaissancechorgestühl.

Zum Abschluss der Tour sollte man sich einen Bummel durch die Schongauer Altstadt nicht entgehen lassen. Im 13. Jahrhundert siedelten die Bewohner des westlich gelegenen Altenstadt auf einen Lechumlaufberg über, der leichter zu verteidigen war. Die Altstadt wird bis heute von der nahezu vollständig erhaltenen mittelalterlichen Stadtmauer mit mehreren Toren und Türmen eingefasst. Den Mittelpunkt bildet der malerische Marienplatz, auf den der Staffelgiebel des mittelalterlichen Ballenhauses mit dem spätgotischen Ratssaal im Obergeschoss schaut. In der nahen barocken Stadtpfarrkirche findet man Werke bedeutender Künstler.

12

Von Oberammergau nach Linderhof

Kloster, Schloss und Lüftlmalerei

mittel | 32 km | 210 Hm | 3.00 Std.

Highlight: Sehenswürdigkeit

Ausgangs- und Endpunkt
Bahnhof von Oberammergau

GPS
47.5994 N, 11.0573 O

Anfahrt
Bahn: Oberammergau ist Endpunkt der Strecke, die in Murnau von der Bahnlinie München–Garmisch abzweigt.
Auto: Oberammergau liegt an der B23, die südlich des Autobahnendes der A95 in Oberau von der B2 Richtung Schongau und Augsburg abzweigt.
Parkmöglichkeit: In Ettal, an mehreren Parkplätzen an der Straße nach Linderhof oder direkt am Schloss Linderhof

Tourencharakter
Diese Tour führt großteils auf unbefestigten Rad- und Forstwegen in meist sanftem Auf und Ab durch die Täler von Ammer und Linder. Für den Rückweg vom Schloss Linderhof gibt es zwei Varianten. Auf der anstrengenderen Bergvariante ist vom Schlosspark aus ein steiler Anstieg mit zusätzlichen 50 Höhenmetern zu bewältigen.

Radkarte
ADFC-Regionalkarte 1:75000, Blatt Bayerische Seen

Bademöglichkeiten
An Ammer und Linder

Information
Touristinformation Oberammergau, Tel. 08822/9227440, www.ammergauer-alpen.de

Rund um die Quellen der Ammer liegen einige herausragende Sehenswürdigkeiten. Vom mächtigen Kloster Ettal radeln wir zum bezaubernden Schloss Linderhof. Am Ende der Tour können wir die mit Lüftlmalerei geschmückten Häuser von Oberammergau bewundern.

Ins Tal der Linder Vom Bahnhof Oberammergau radeln wir zur nahen Hauptstraße und auf ihr nach links. Nach kurzer Fahrt biegen wir nach der Ammerbrücke rechts in den Radweg ab, der am Fluss entlangläuft. Wir folgen nun dem Radweg am linken Ufer des Flusses, überqueren am Ortsrand eine Straße und radeln bald rechts unter der B23 hindurch. Jetzt geht es stets den Radwegweisern folgend an der Ammer entlang, bis wir nach gut drei Kilometern eine Weggabelung erreichen. Hier nach links und bald entlang der B23 auf dem geteerten Radweg nach Ettal und durch den Ort aufwärts zum prächtigen Kloster Ettal.
Vom Kloster radeln wir nach der Besichtigung auf dem bekannten Weg an der B23 entlang zurück in Richtung Oberam-

mergau. Bald weisen die Radwegweiser Richtung Linderhof links auf ein Sträßchen. Vor einem nahen Bauernhof knickt unser Weg rechts auf ein Wirtschaftssträßchen, das im Bogen zur Ettaler Mühle führt. Hier geradewegs über die Straße und rechts der Mühle in das wundervolle Naturschutzgebiet Weidmoos. Vor der Ammer erreichen wir eine Weggabelung, an der wir links abbiegen. Bald überqueren wir die Landstraße ein weiteres Mal und folgen dem breiten Forstweg nach rechts. Über einen nicht allzu steilen, aber lang gezogenen Anstieg radeln wir durch den Wald aufwärts, überqueren schließlich auf einer Brücke den Kühalpenbach und lassen die Räder zum herrlich gelegenen Hof Dickelschwaig hinabrollen. Wir wechseln geradewegs auf ein Teersträßchen und überqueren kurz vor Graswang die Linder.

Wir biegen nach der Brücke links auf einen Kiesweg ein, der dem Lauf der Linder folgt und uns bis zu einem Parkplatz an der Landstraße führt. Hier fahren wir auf dem Radweg nach links und an der Straße entlang über die Linder und den Ellmaubach. Auf Forststraßen geht es anschließend weiter bis Linderhof, wo wir rechts haltend die Straße überqueren. Wir folgen der Radwegbeschilderung, überqueren die Linder und erreichen den Parkplatz am Schloss Linderhof. Auf breiter Straße geht es schließlich hinauf zum Eingangsgebäude. Wer die Attraktionen wie das Schloss oder die Grotte besichtigen möchte, der kann hier Tickets kaufen. Der Eintritt in den Schlossgarten, wo man die Räder schieben muss, ist kos-

Die riesige Kuppel der Klosterkirche von Ettal

Linke Seite: An der Ammer entlang verlässt man Oberammergau.

Guten Appetit

Wer auf der Tour einen frühen Zwischenstopp einlegen möchte, dem kann der Gasthof Ettaler Mühle am Rand des Weidmooses empfohlen werden. Vom schattigen rustikalen Biergarten neben dem romantischen Mühlrad hat man einen schönen Blick auf die Berge (täglich geöffnet, www.ettaler-muehle.de). Zum Abschluss der Tour bietet Oberammergau eine große Auswahl an Einkehrmöglichkeiten. Besonders schön mit Blick zum Pilatushaus sitzt man zum Beispiel im Restaurant & Café Alte Wurstkuch (So Ruhetag, www.alte-wurstkuch.de) und im Restaurant s'Wirtshaus O'gau (Di Ruhetag, www.swirtshaus-ogau.de).

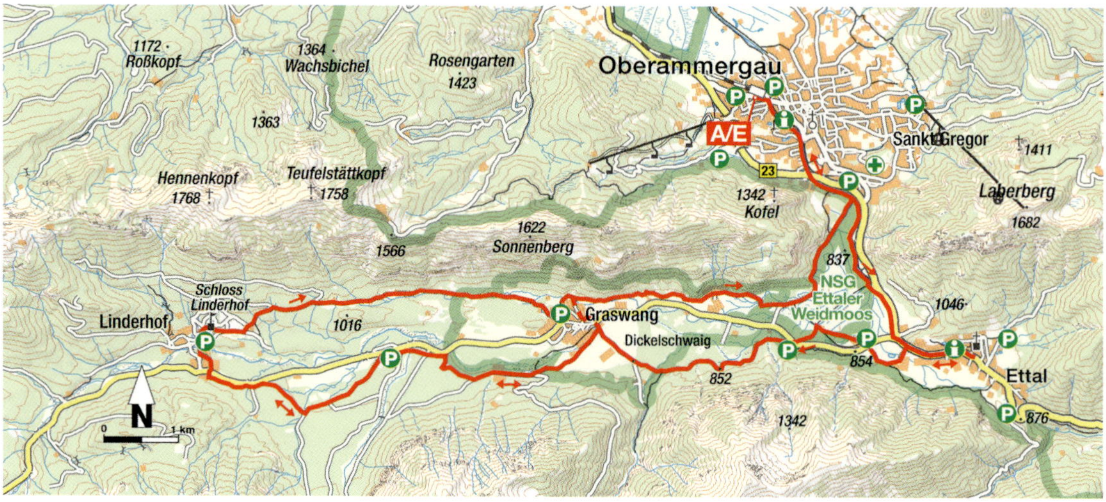

tenlos. Wir gehen also rechts in den Schlossgarten und dann geradewegs zum Schloss mit der herrlichen Brunnenanlage.

Schloss Linderhof, der Rokokotraum des bayerischen Märchenkönigs Ludwig II.

Zurück nach Oberammergau Wer ohne große Mühen nach Oberammergau radeln möchte, der fährt auf bekanntem Weg zurück bis zur Linderbrücke bei Graswang. Hier nun links über die Hauptstraße in die Untere Dorfstraße, bald rechts in den Sonnenberg-Weg und auf ihm geradeaus, bis man am Rand der Wiesen auf den beschriebenen Weg trifft, dem man nach rechts folgt. Wer eine Alternativroute für den Rückweg bevorzugt, die für heute noch eine kleine sportliche Herausforderung bereithält, der kann einen Abstecher in die Berge unternehmen. Dafür schieben wir die Räder geradewegs am Schloss vorbei und dann auf breitem Weg unterhalb des Maurischen Kiosks durch den Park. Am Ende der Wiese radeln wir links aufwärts in den Wald. 600 Meter geht es jetzt recht anstrengend bergauf zu einer Forststraße. Auf ihr rechts durchs Wildgatter und ohne weitere Mühen zu Almflächen und dann über eine lange Abfahrt hinab nach Graswang.

Vor dem Ort biegen wir links auf einen Kiesweg ein, der uns durch mehrere Gatter und über ein Brückchen um das Dorf führt. Wir treffen auf die einfachere Rückwegvariante und folgen dem schmalen Weg, der am Rand der Wiesen nach Osten läuft. Vorbei am Hof von Rahm erreichen wir schließlich eine Weggabelung, an der wir geradeaus Richtung Ettaler Mühle fahren. Über malerische Moorflächen und mehrere Quellarme der Kleinen Ammer radeln wir zu einer schmalen Teerstraße, der wir nach links folgen. Vorbei am viel besuchten Klettergarten an der Falkenwand führt sie uns zur Ammer. Wir wechseln

auf den Kiesweg, der an der Ammer entlang nach Norden läuft. Bald radeln wir unter der B23 hindurch und erreichen am Ortsrand von Oberammergau eine Brücke. Über sie führt rechts ein Abstecher ins malerische Ortszentrum. Geradeaus geht es am Fluss entlang direkt zurück zum Bahnhof von Oberammergau.

Das malerisch gelegene Dörfchen Graswang gibt dem Graswangtal seinen Namen.

Oberbayern-Erfahrung: Rokokobauten und Fassadenkunst

Gleich drei ganz unterschiedliche Höhepunkte bietet diese Tour. Am Anfang begeistert die Benediktinerabtei Ettal, die 1330 von Kaiser Ludwig dem Bayern gegründet wurde. 1744 zerstörte ein verheerender Brand das gesamte Kloster. Der Wiederaufbau der Klosterkirche mit ihrer weithin sichtbaren Kuppel und der beeindruckenden Fassade erfolgte im Stil des Rokoko. Bauplanung und kunstvolle Ausstattung wurden von herausragenden Künstlern jener Zeit ausgeführt.

Weiter geht es durch das Tal der Linder zum Schloss Linderhof. Ab 1874 ließ König Ludwig II. das wundervolle Rokokoschloss erbauen. Rund um das Schloss wurde der weitläufige Park mit Wasserbecken, Fontänen und Kaskaden geschmückt. Seiner romantischen Ader gemäß entstanden unter anderem eine farbenfroh ausgeleuchtete künstliche Venusgrotte mit Höhlensee und Muschelkahn und der sogenannte Maurische Kiosk.

Zum Abschluss kann man das Bergdorf Oberammergau erkunden. Weltbekannt ist der Ort für seine Passionsspiele. Sie gehen auf ein Gelöbnis zurück, das die Oberammergauer im Pestjahr 1633 ablegten. Alle Darsteller sind Laien aus dem Ort und die wachsenden Bärte der Oberammergauer sind ein sicheres Zeichen für bevorstehende Passionsspiele. Der Ort selbst bezaubert durch seine alten Gebäude, deren Fassaden teils mit sehenswerten Lüftlmalereien verziert sind. Herausragend ist das aufwendig gestaltete Pilatushaus.

13 Bergseen bei Mittenwald

Zwischen Wettersteingebirge und Karwendel

schwer 36 km 380 Hm 3.30 Std.

Highlight: Naturparadies

Ausgangs- und Endpunkt
Bahnhof von Mittenwald

GPS
47.4405 N, 11.2655 O

Anfahrt
Bahn: Der Bahnhof Mittenwald liegt an der Bahnlinie von München nach Innsbruck.
Auto: Vom Ende der A95 bei Eschenlohe auf der B2 über Garmisch-Partenkirchen nach Mittenwald
Parkmöglichkeit: An der Bundeswehrkaserne in Mittenwald und nahe des Krüner Ortsteils Barmsee an der Straße Am Barmsee

Tourencharakter
Die Tour verläuft auf gut zu befahrenden Kieswegen und auf geteerten Nebenstraßen. Zwischen Tennsee und Ferchensee sind mehrere, teils lang gezogene Anstiege zu überwinden. Steilere Abschnitte sind aber nur kurz. Die Mautstraße zum Schoss Elmau ist für Radfahrer kostenfrei zu befahren. Auf der steilen Schlussabfahrt nach Mittenwald benötigt man gute Bremsen.

Radkarte
ADFC-Regionalkarte 1:75000, Blatt Bayerische Seen

Bademöglichkeiten
Am Barmsee, Ferchensee und Lautersee

Information
Touristinfo Mittenwald, Tel. 08823/33981, www.alpenwelt-karwendel.de

Diese Tour steht ganz im Zeichen des Hochgebirges. Durchwegs bieten sich herrliche Blicke auf das Wetterstein- und das Karwendelmassiv. Malerische Bergseen, in denen man im Sommer ein erfrischendes Bad nehmen kann, ergänzen dieses Bild aufs Vortrefflichste.

Zum Barmsee Vor dem Bahnhof Mittenwald finden wir einen ersten Wegweiser des Isarradwegs, dem wir rechts zur Dammkarstraße folgen. Auf ihr geht es rechts über die Gleise, bald über die Isar und am Ufer entlang nach links bis vor die Gebirgsjäger-Kaserne Mittenwald. Hier rechts auf eine Nebenstraße, unter der B2 hindurch und auf dem Radweg an der Bundesstraße entlang nach rechts. Bald führt er abwärts zum Ufer der Isar. Nach kurzer Fahrt auf einer geteerten Querstraße gelangen

Im Dorf Krün trank Angela Merkel mit Barack Obama ein Weißbier.

wir links zu einer Straßengabelung an der B2. Wir biegen scharf rechts auf eine Teerstraße ab. Nach 400 Metern bei den Parkplätzen an der Seinsalm fahren wir rechts auf eine Kiesstraße und an der nächsten Gabelung nach links. Wir folgen dem breiten Hauptweg zu einer Brücke und radeln links über die Isar ins nahe Krün. Nach einem kurzen Berg rechts auf der Schöttlkarspitzstraße zur B11.

Wir fahren geradewegs über die Bundesstraße, nach wenigen Metern rechts in ein Anliegersträßchen und an der nächsten Kreuzung nach links. Jetzt auf dem Teersträßchen geradewegs aus dem Ort. Kurz nach dem Ende des Teerbelags radeln wir an einer Gabelung links zu einer Wegkreuzung am Barmsee, an der der Weiterweg links in einen Forstweg biegt. Davor gönnen wir uns noch geradewegs den kurzen Abstecher zum herr-

Guten Appetit

Vor der Abfahrt nach Mittenwald verführt das Gasthaus Ferchensee mit traditioneller bayrischer Küche zu einer wunderschönen Rast am Ufer des gleichnamigen Sees (geöffnet Sa–Do 9–17 Uhr, Tel. 08823/1409, www.ferchensee.eu).

Nicht weniger schön gelegen und mit vergleichbar guter Küche gesegnet ist die Lauterseealm am etwas tiefer gelegenen Lautersee, in dem sich am Nachmittag wundervoll die Karwendelberge spiegeln (geöffnet Di–So, an schönen Sommertagen auch am Montag ab 10 Uhr, Tel. 08823/928932, www.lautersee-alm.de).

Steil ragt das Karwendelgebirge über dem Lautersee auf.

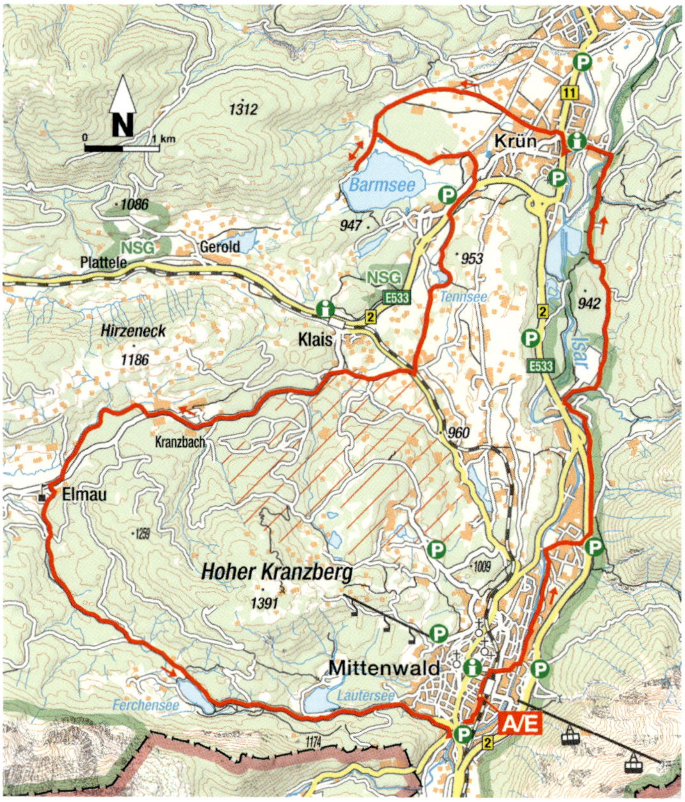

lichen Rast- und Badeplatz am Barmsee.

Hinauf zum Schloss Elmau

Anschließend radeln wir zurück zur Wegkreuzung und auf dem schmalen Weg durch den Wald. Wir erreichen eine schmale Teerstraße, der wir nach rechts folgen. Nach 400 Metern biegen wir rechts auf eine Straße ab, die parallel zur B2 zum Krüner Ortsteil Barmsee führt. An der Gabelung am Ortschild geht es links über die Bundesstraße, geradewegs auf einem Feldweg zum Campingplatz am Tennsee und links haltend durch das Gelände (bis zur Mautstraße Wegweiser Klais über Quick). Wir wechseln auf einen schmaleren Weg, der uns um den Tennsee zu einem Wirtschaftsweg führt. Auf ihm fahren wir links aufwärts und weiter zu einer schmalen Teerstraße. Auf ihr rechts über die Bahnlinie zur Hauptstraße, kurz nach rechts und danach links in eine Kiesstraße. Auf ihr radeln wir zur Zufahrtsstraße von Schloss Elmau.

Nach kurzer Fahrt gelangen wir vorbei an der Mautstation – die Straße ist für Radler gebührenfrei – und aufwärts zu den Wiesen am Hotel im Schloss Kranzbach. Am Ende der Bergwiesen biegen wir vor einem Anstieg rechts auf einen Forstweg, der durch ein Tal sanft abwärtsführt. Kurz vor Schloss Elmau treffen wir wieder auf die Teerstraße, auf der wir nach rechts radeln. Nach kurzer Fahrt biegen wir in die Straße ein, die links zum Schloss Elmau hinaufführt.

Am Bahnhof von Mittenwald beginnt und endet die Tour.

Bergseen auf dem Weg nach Mittenwald

Vorbei an den Parkplätzen radeln wir auf breiter Forststraße um das Hotelgelände und dann abwärts zu einer Forstwegkreuzung. Wir fahren geradeaus talaufwärts und nach einem kurzen steilen Berg geht es sanft aufwärts zum wundervollen Ferchensee. Vorbei am Gasthof Ferchensee und danach sanft aufwärts auf einen Sattel, auf dem die rasante Abfahrt beginnt. Bald kann man links einen Abstecher zum herrlich gelegenen Lautersee machen.

Nach einer Rast am See geht es zurück zur Teerstraße, der wir weiter abwärtsfolgen. Bald liegt Mittenwald unter uns und das für den allgemeinen Verkehr gesperrte Sträßchen trifft auf eine breite Vorfahrtsstraße. Auf ihr geht es links abwärts und am Ortsrand von Mittenwald auf der Hauptstraße links Richtung Ortsmitte. Nach wenigen Metern biegen wir rechts in den Mühlenweg ein, bei nächster Gelegenheit links in die Straße Am Birnbaum und an der folgenden Kreuzung rechts in die Straße Zur Kreidemühle. An ihrem Ende folgen wir neben dem Bahnübergang der Vorfahrtsstraße nach links und radeln nach kurzer Fahrt rechts auf der Arnspitzstraße zurück zum nahen Bahnhof Mittenwald. Wer will, der kann auf der Bahnhofstraße noch einen Abstecher ins nahe Ortszentrum von Mittenwald unternehmen.

Schon in römischer Zeit verlief eine wichtige transalpine Straße durch das Tal von Mittenwald. Im Mittelalter brachte neben der Flößerei der Handel auf dieser wichtigen Route einigen Wohlstand in den Ort. Im 17. Jahrhundert begründete Matthias Klotz das Handwerk des Geigenbaus. Zentrum des Orts ist der malerische Straßenzug von Obermarkt und Ballenhausgasse. Überragt wird es vom reich bemalten Turm der Pfarrkirche. In einem der schönsten und ältesten Häuser von Mittenwald ist das sehenswerte Geigenbaumuseum untergebracht.

Schloss Kranzberg ließ Anfang des 20. Jh. eine reiche Engländerin erbauen.

Im Schloss Elmau fand im Jahr 2015 der G7-Gipfel statt.

Oberbayern-Erfahrung: Bergseen und Luxushotels

Überragt von den Felszinnen des Karwendels und des Wettersteingebirges liegt der alte Marktort Mittenwald im Tal der Isar. Geprägt wurde die beeindruckende Landschaft ringsum von den Gletschern der Eiszeit. Sie hobelten die tiefen Täler aus und schliffen die Berge zu steilen Felszinnen. Den Gletschern, die zahlreiche Mulden in den Untergrund schliffen und Moränenwälle aufschütteten, verdanken wir auch die vielen kleinen Seen, in denen sich die Berge spiegeln und die im Sommer zu einem erfrischenden Bad einladen. Ein besonderes Phänomen der hiesigen Landschaft sind die artenreichen Buckelwiesen. Ihre Entstehung ist noch nicht endgültig geklärt, wahrscheinlich sind sie durch Karstvorgänge entstanden. Dass diese bezaubernde Landschaft schon seit langer Zeit Menschen von nah und fern anlockt, ist nur allzu verständlich. So ließ sich Anfang des 20. Jahrhunderts eine reiche Engländerin in herrlicher Alleinlage Schloss Kranzberg nach dem Vorbild schottischer Landsitze erbauen. Heute beherbergt es ebenso wie Schloss Elmau, das 1914 bis 1916 der Philosoph und Theologe Johannes Müller als Refugium für Künstler und Intellektuelle errichten ließ, ein Luxushotel. Im Juni 2015 fand in dieser einmaligen Umgebung der G7-Gipfel mit den Führern der wichtigsten Industrienationen statt.

14

Durchs Murnauer Moos

Moore zwischen den Bergen

leicht | 44 km | 100 Hm | 3.30 Std.

Highlight: Naturparadies

Ausgangs- und Endpunkt
Bahnhof von Ohlstadt

GPS
47.6340 N, 11.2185 O

Anfahrt
Bahn: Ohlstadt liegt an der Eisenbahnlinie von München nach Garmisch-Partenkirchen.
Auto: Ohlstadt ist von der A95 über die Anschlussstellen Murnau/Kochel und Eschenlohe zu erreichen.
Parkmöglichkeit: Bei Grafenaschau und westlich der Autobahnausfahrt Eschenlohe; gebührenpflichtige Parkplätze kurz vor der Ramsachkirche bei Murnau

Tourencharakter
Die Tour verläuft auf Kieswegen und auf geteerten, verkehrsarmen oder verkehrsfreien Nebenstraßen. Lediglich rund um Eschenlohe und nach Grafenaschau gibt es einige kurze, harmlose Anstiege. Spart man sich Hin- und Rückweg durch das Loisachtal, so lässt sich die Runde auf 28,5 km verkürzen.

Radkarte
ADFC-Regionalkarte 1:75000, Blatt Bayerische Seen

Bademöglichkeiten
Im See am Langen Köchel (Abstecher)

Information
Gäste-Information Ohlstadt, Tel. 08841/671250, www.ohlstadt.de
Touristinfo Murnau, Tel 08841/476240, www.murnau.de

Diese Tour führt uns durch das wundervolle Murnauer Moos, das einer Vielzahl seltener Tiere und Pflanzen eine Heimat gibt. Nach der Runde um das größte Moorgebiet Mitteleuropas erkunden wir noch das Tal der Loisach, das vom wuchtigen Massiv der Zugspitze überragt wird.

Zum Ramsachkircherl Wir radeln vor dem Bahnhof Ohlstadt auf der Loisachstraße nach links und stoßen nach einem Sägewerksgelände auf eine Querstraße. Auf ihr geht es nach links und an ihrem Ende auf einem Feldweg über die Wiesen zu einer Straße, der wir nach links folgen. Bald über die Eisenbahnlinie und rechts haltend unter der A95 hindurch. Nach der Brücke über die Loisach biegen wir rechts auf einen Kiesweg ein, der am Fluss entlang nach Norden führt. An der Gabelung nach einigen Häu-

sern halten wir uns links und folgen kurz darauf den Radwegweisern links zu einer nahen Straße. Auf ihr radeln wir rechts in den Murnauer Ortsteil Hechendorf und biegen dort an der ersten Kreuzung nach links ab. Nach kurzer Fahrt geht es rechts auf den Radweg, der an der B2 entlangläuft. Kurz nach dem Ortsschild von Murnau überqueren wir vorsichtig die Bundesstraße und radeln dann auf der Ramsachstraße geradewegs zum malerisch gelegenen Ramsachkircherl. Das im Kern gotische Gotteshaus wurde barock umgestaltet. Bedeutendstes Ausstattungsstück ist eine neben dem Altar ausgestellte Glocke. Sie stammt möglicherweise vom aufgelassenen Kloster auf der Wörthinsel im nahen Staffelsee. Die Eisenglocke ist wohl zwischen dem 10. und 12. Jahrhundert entstanden und ist damit eine der ältesten Kirchenglocken in Europa.

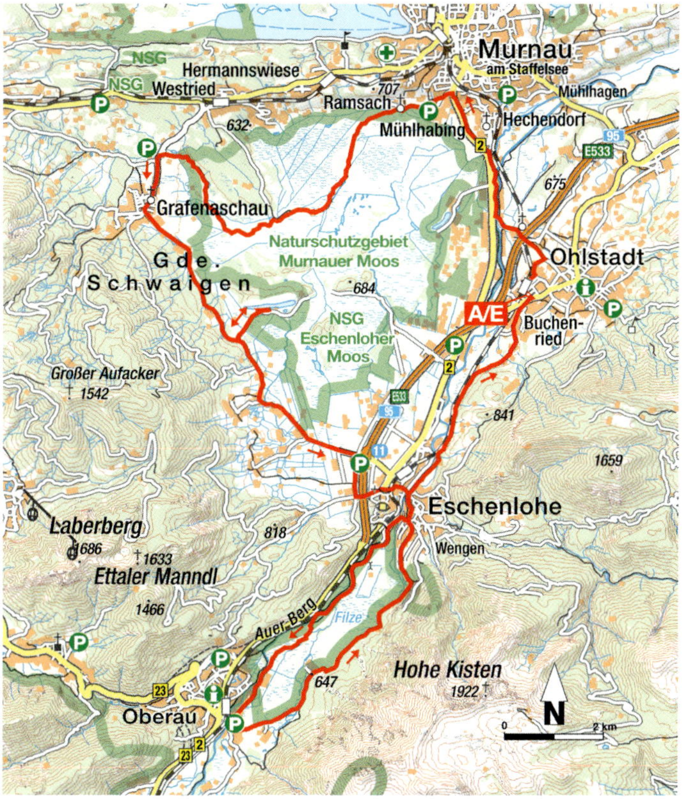

Durch das Murnauer Moos nach Eschenlohe Wir fahren wenige Meter vor dem Gasthof Ähndl unterhalb des Ramsachkircherls links über das Flüsschen Ramsach. Nach der Brücke geht es nach rechts und bestens ausgeschildert meist entlang von Ramsach und Lindenbach auf dem breiten Hauptweg mitten durch das herrliche Murnauer Moos. Nach acht Kilometern erreichen wir kurz nach einem von Bibern bewohnten Teich eine Teerstraße. Wir halten uns links und radeln auf dem Radweg ins nahe Grafenaschau. Auf der sanft ansteigenden Straße gelangen wir durch das Dorf zu einer Gabelung, an der wir links in die Schwaigener Straße einbiegen.

Auf der für den allgemeinen Verkehr gesperrten Straße radeln wir am Murnauer Moos entlang nach Süden. Über zwei kurze Berge erreichen wir eine Kreuzung, an der links eine schmale Teerstraße abzweigt. Wer Lust hat, der kann hier einen Abstecher zum herrlichen, 40 Meter tiefen See im ehemaligen Quarzitsteinbruch am Langen Köchel machen (zusätzlich 1,5 Kilometer). Man folgt dem Teersträßchen, bis nach wenigen

Linke Seite: Auf einem Hügel am Rand des Murnauer Mooses steht das Ramsachkircherl.

Guten Appetit

Zwischen Murnau und dem Murnauer Moos findet man neben der bezaubernden Ramsachkirche die kleine, herrlich gelegene Ausflugsgaststätte Ähndl. Im schattigen Biergarten kann man mit Blick auf die kleine Barockkirche und auf das Murnauer Moos, über dem die Berge aufragen, bestens entspannen. Der ehemalige Sternekoch Thilo Bischoff hat vor einigen Jahren die traditionsreiche Wirtschaft übernommen und verwöhnt hier seine Gäste mit köstlich bodenständiger Küche (geöffnet Juli bis September Di–So ab 11 Uhr, Frühjahr und Herbst Mi–So ab 11 Uhr, Tel. 08841/5241, www.aehndl.de).

Hundert Metern im Wald links Schotterwege zum nahen See abzweigen.

Zurück am Hauptweg ist nochmals ein kurzer Anstieg zu überwinden, ehe wir über herrliche Wiesen an den verstreut liegenden Bauernhöfen von Schwaig vorbei geradewegs Richtung Eschenlohe radeln. Kurz vor der Autobahn folgen wir den Radwegweisern rechts auf ein Teersträßchen und biegen an der nächsten Kreuzung nach links ab. Unter der A95 hindurch und über die Bahnlinie radeln wir jetzt geradewegs zum Dorfplatz von Eschenlohe. Hier lohnt ein Blick in die von Johann Michael Fischer erbaute Pfarrkirche mit sehenswerter Ausstattung im Stil von Barock und Rokoko.

Über die Moore im Loisachtal geht der Blick zur mächtigen Zugspitze.

Im Tal der Loisach Wir folgen der Hauptstraße nach rechts und überqueren nach kurzer Fahrt geradewegs die Loisach. Der Rückweg nach Ohlstadt und damit die Kurzvariante ums Murnauer Moos führt hier nach links. Wir leisten uns jedoch noch einen Abstecher ins Loisachtal und biegen nach der Brücke rechts in die Mühlstraße ein. An der nächsten Kreuzung folgen wir den Radwegweisern Richtung Oberau und rechts zum Loisachdamm. Auf dem Dammweg radeln wir bis zur Loisachbrücke in Oberau und an der Kreuzung neben der Brücke nach links.

Vorbei am Golfplatz führt uns die schmale Teerstraße geradewegs zu einer Gabelung am Waldrand, an der wir uns links halten. Jetzt radeln wir auf der Kiesstraße am Fuß des Estergebirges, vorbei an mächtigen Schuttströmen und malerischen Moorflächen, zu den Sieben Quellen. Ein kurzer Anstieg führt uns anschließend auf einen Wiesenhügel.

In einem Teich am Murnauer Moos hat sich ein Biber niedergelassen.

Im nahen Eschenlohe radeln wir geradewegs zu einer Querstraße, auf ihr kurz nach rechts zu einer Kreuzung und auf der Mühlstraße geradeaus zur Loisachbrücke. Nun fahren wir wenige Meter nach rechts und danach links auf der Heubergstraße aus dem Ort. Nach der Brücke über die Eschenlaine halten wir uns links und radeln an der Loisach entlang. Kurz vor der Eisenbahnbrücke an der Gabelung geht es nach rechts und jetzt permanent geradeaus nach Ohlstadt. Wir fahren geradewegs durch den Ort bis zur Hauptstraße, auf ihr kurz nach rechts und dann links auf der Loisachstraße zurück zum Bahnhof Ohlstadt.

Oberbayern-Erfahrung: Murnauer Moos

Das Murnauer Moos ist das größte und bedeutendste naturnah erhaltene Moorgebiet in Mitteleuropa. 23 Quadratkilometer stehen unter Naturschutz und bieten zahlreichen seltenen oder vom Aussterben bedrohten Tier- und Pflanzenarten einen Rückzugsraum. Nahezu 1000 Pflanzenarten und mehrere Tausend Tierarten wurden nachgewiesen. In der Eiszeit schürfte der Loisachgletscher hier eine tiefe Mulde in den Untergrund. Im Norden musste er einen langen Felsriegel überwinden, den er nicht vollständig abzutragen vermochte. Hinter diesem Riegel grub er ein weiteres Becken, in der heute der Staffelsee liegt. Wo sich heutzutage das Murnauer Moos ausbreitet, lag nach der Eiszeit ebenfalls ein See. Durch Sedimenteintrag aus den nahen Bergen verlandete dieses Becken und zurück blieb die einmalige Naturlandschaft, die wir jetzt bewundern können. Im südlichen Bereich durchstechen die sogenannten Köchel die Moorflächen. Sie sind aus sehr hartem Quarzit aufgebaut und konnten deshalb ebenfalls nicht vollständig abgeschliffen werden. Auf ihnen fand man Spuren vorgeschichtlicher und römischer Siedlungen. Bis ins Jahr 2000 wurde am Langen Köchel das Gestein industriell abgebaut. Heute streckt sich nach der Auflassung des Steinbruchs am Fuß der Quarzitwände ein tiefer, fjordartiger See.

15 Rundtour bei Benediktbeuern

Genießertour im Blauen Land

leicht | 30 km | 50 Hm | 2.15 Std.

Highlight: Sehenswürdigkeit

Ausgangs- und Endpunkt
Bahnhof von Benediktbeuern

GPS
47.7092 N, 11.4035 O

Anfahrt
Bahn: Benediktbeuern liegt an der Bahnlinie, die von München über Tutzing nach Kochel führt.
Auto: Benediktbeuern erreicht man von der Ausfahrt Sindelsdorf an der A 95 über die B 472 und die B 11.
Parkmöglichkeit: Ein großer, gebührenpflichtiger Parkplatz neben dem Kloster Benediktbeuern

Tourencharakter
Die Tour verläuft teils auf geteerten, verkehrsfreien Nebenstraßen, teils auf unbefestigten, aber meist gut zu befahrenden Wirtschafts- und Radwegen. Nach Kochel führt ein kurzer Abschnitt der Route auf einem Radweg an einer stärker befahrenen Straße entlang. Auf der ganzen Strecke gibt es keine nennenswerten Steigungen.

Radkarte
ADFC-Regionalkarte 1:75 000, Blatt München/Alpenvorland oder Blatt Bayerische Seen

Bademöglichkeiten
Am Kochelsee und am Eichsee

Information
Gästeinformation Benediktbeuern, Tel. 08857/248, www.benediktbeuern.de

Am Alpenrand zwängt sich bei Benediktbeuern eine breite Moorebene zwischen die Berge. Früh schon wurden hier bedeutende Klöster gegründet und später begeisterten sich Maler für die bezaubernde Landschaft des Blauen Lands, durch die unsere Bade- und Aussichtstour führt.

Nach Kochel am gleichnamigen See Vom Bahnhof Benediktbeuern fahren wir rechts zur Vorfahrtsstraße, die uns rechts über die Gleise führt. Wir biegen vor dem nahen Kloster Benediktbeuern links in die schmale Straße ein, die an der Bahnlinie entlang nach Süden führt. Nach 1,5 Kilometern folgen wir den Radwegweisern auf einem Quersträßchen nach rechts und radeln auf dem breiten Kiesweg geradewegs auf die Ammergauer Alpen zu. Nach zwei Kilometern erreichen wir nach einem Bach eine Wegkreuzung. Geradeaus führt eine Kurzvariante zum Eichsee, wir biegen aber hier links Richtung Kochel ab. Auf dem holprigen Weg am Bach entlang und an der Weggabelung vor Brunnenbach geht es links zu einem befestigten Sträßchen. Auf ihm sanft ansteigend zur Bahnlinie, vor der unsere Route

nach rechts knickt. Auf dem aussichtsreichen Weg radeln wir nun an der Bahnlinie entlang nach Kochel. Dort kann man auf der zweiten Straße, die links abzweigt, einen Abstecher ins nahe Ortszentrum unternehmen, in dem ein Denkmal an den legendären Schmied von Kochel erinnert. Er soll im Jahre 1705 während des Aufstands gegen die österreichischen Besatzungssoldaten in der sogenannten »Sendlinger Mordweihnacht« einen heldenhaften Tod gestorben sein. Folgt man der B 11 durch den Ort, erreicht man nach 1,5 Kilometern das Franz Marc Museum. Es ist im ehemaligen Wohnhaus des berühmten Malers untergebracht, in dem man neben einigen seiner berühmten Tierbilder auch Werke seiner Malerfreunde sieht, die hier in der Gegend Anfang des 20. Jahrhunderts ihre Motive fanden (geöffnet Di–So und feiertags, April bis Oktober 10–18 Uhr und November bis März 10–17 Uhr, www.franz-marc-museum.de).

Auf halbem Weg kann man im stillen Eichsee ein erfrischendes Bad nehmen.

Unten links: Als breiter Strom fließt die Loisach aus dem Kochelsee.

Unten rechts: In Kochel erinnert ein Denkmal an den legendären Schmied von Kochel.

Zum stillen Eichsee Wir radeln jedoch an der Kreuzung am Ortsrand von Kochel geradeaus in Richtung Schlehdorf. Die Straße geht in einen Radweg über und nach 600 Metern treffen wir auf die Landstraße, die uns rechts aus dem Ort führt. Nach

Guten Appetit

Eine Besichtigungsrunde im Kloster Benediktbeuren lässt sich vortrefflich mit einem Besuch im Klosterbräustüberl abrunden. Die historischen Gewölbe des ehemaligen klostereigenen Meierhofs, in denen früher die Jungrinder untergebracht waren, wurden zu einer gemütlichen Wirtschaft umgebaut und bei schönem Wetter lockt der Biergarten mit Blick in die Berge. Das Rad ist auf dem Radlerparkplatz mit Ladestation gut untergebracht und bei einer gemütlichen Brotzeit kommt man nach der Tour schnell wieder zu Kräften (täglich geöffnet, www.klosterwirt.de).

Der barocke Chorraum in der Klosterkirche von Benediktbeuern

200 Metern biegt links eine Straße ab, die zu Badeplätzen und zur Kristall Therme Kochel am See führt. Wir radeln jedoch geradewegs über die Loisach, die rauschend aus dem Kochelsee strömt. Nach der Brücke beginnt ein angenehmer Radweg, der an der Straße entlangläuft. Nach drei Kilometern erreichen wir wieder die Loisach nördlich ihrer Mündung in den Kochelsee. Wir biegen vor der Brücke rechts in die für den Kraftverkehr gesperrte Straße ab, die am Fluss entlangläuft. Nach einem Kilometer bleibt der Abzweig links nach Unterau unbeachtet und kurz darauf knickt unser Sträßchen vom Loisachufer weg nach rechts. Wir radeln durch die malerische Wiesenlandschaft geradeaus, bis wir auf eine schmale Querstraße treffen. Bevor wir unseren Weg links fortsetzen, gönnen wir uns rechts noch einen kleinen Abstecher. Nach kurzer Fahrt biegen wir links auf einen Kiesweg ein, der uns geradewegs zur nahen Badestelle am herrlich gelegenen Eichsee bringt.

Zurück nach Benediktbeuern Vom Eichsee geht es zurück zur Kreuzung am Quersträßchen, an der der kurze Abstecher begann. Wir fahren nun geradeaus und nach dem Triftgraben auf der Querstraße nach rechts. An der nächsten Kreuzung nach links, geradeaus über die folgende Kreuzung zu einer Weggabelung 500 Meter vor Zell. Wir biegen rechts auf einen Pflasterweg ein, der am Zeller Bach entlang durchs Haselmoos

Oberbayern-Erfahrung: Kloster Benediktbeuern

Das um 725 gegründete und 739 vom heiligen Bonifatius geweihte Kloster Benediktbeuern gehört zu den ältesten in Bayern und war über die Jahrhunderte eines der geistlichen und geistigen Zentren. In der bedeutenden Klosterbibliothek fand man die mittelalterliche Liedersammlung Carmina Burana (Lieder aus Benediktbeuren), die mit ihrer Vertonung durch Carl Orff Weltruhm erlangten. Ab 1669 entstand die heutige barocke Klosteranlage, an der die bedeutendsten Künstler jener Zeit mitwirkten. Die Klosterkirche ist eines der ersten bedeutenden barocken Gotteshäuser in Oberbayern. Die in prunkvollem Rokoko ausgestattete Anastasiakapelle ist ein Entwurf von Johann Michael Fischer. Der beschauliche spätgotische Kreuzgang, in dem Grundmauern des ersten Klosterbaus zu sehen sind, wird häufig für Kunstaustellungen genutzt. Nach der Säkularisation im Jahre 1803 gründete Joseph von Utzschneider in den ehemaligen Klostergebäuden eine Fabrik für optische Gläser, in der Joseph von Fraunhofer seine bahnbrechende Forschungsarbeit vorantrieb. In der ehemaligen Glashütte ist heute ein Museum eingerichtet (geöffnet täglich 9–16 Uhr, Eintritt frei, www.kloster-benediktbeuern.de).

Die Anfänge des Klosters Benediktbeuern reichen bis ins 8. Jahrhundert zurück.

läuft und bald in einen etwas holprigen Feldweg übergeht. Nach einem Kilometer knickt der Weg links über den Bach und führt uns geradewegs bis vor die A95. Wir biegen rechts auf den Kiesweg ein, der parallel zur Autobahn verläuft. Nach einem Kilometer biegen wir kurz nach einem Autobahnparkplatz zur Linken scharf rechts in einen Wirtschaftsweg ein. Vorbei an einer Schautafel zu den wiesenbrütenden Vögeln läuft er links an einem Wäldchen entlang. Auf einer schmalen Brücke geht es anschließend über den Sindelsbach zu einem Querweg, dem wir nach rechts folgen. Jetzt radeln wir am Bach entlang, bis der zum Schluss hin unbefestigte Weg nach 2,5 Kilometern nach links knickt. Geradewegs erreichen wir die B472 und folgen dem Radweg rechts über die nahe Loisach. Nach der Brücke auf dem Radweg wenige Meter abwärts und am Ufer der Loisach links auf den schmalen, flussaufwärts führenden Weg. Nach gut einem Kilometer biegen wir an der nächsten Kreuzung nach links ab. Nun immer geradeaus, bis wir vor dem Segelfluggelände von Benediktbeuern eine Querstraße erreichen. Auf ihr radeln wir nach rechts und nach kurzer Fahrt links auf eine breite Kiesstraße, die uns geradewegs nach Benediktbeuern führt. Wir treffen auf eine Teerstraße, auf der wir links um das Kloster zu einer Vorfahrtsstraße fahren. Rechts bringt sie uns zum nahen Bahnhof Benediktbeuern zurück.

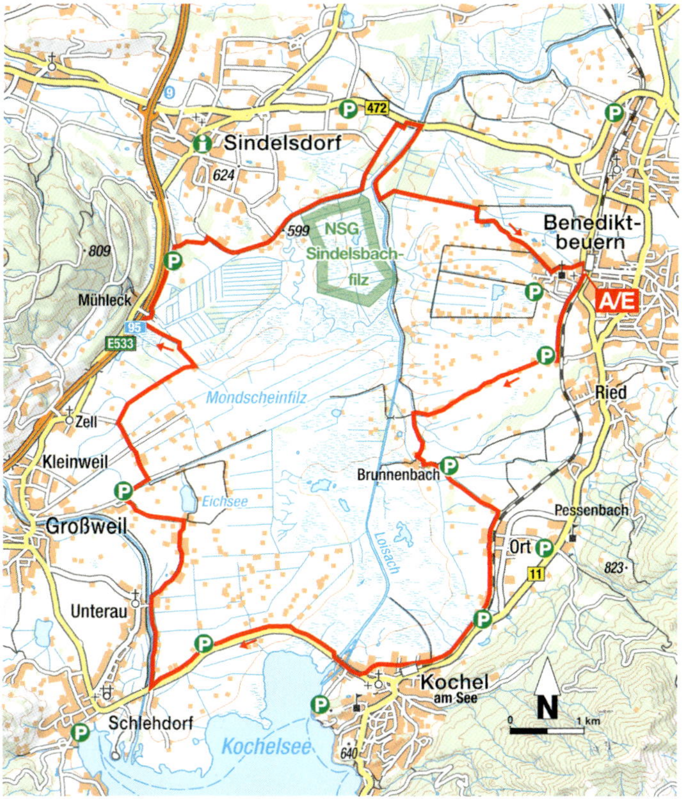

16

Im Fünfseenland bei Herrsching

Der »Heilige Berg« im Land der Seen

mittel | 34 km | 280 Hm | 3.00 Std.

Highlight: Sehenswürdigkeit

Ausgangs- und Endpunkt
S-Bahnhof in Herrsching

GPS
47.9981 N, 11.1707 O

Anfahrt
Bahn: Von München aus ist Herrsching mit der S8 zu erreichen.
Auto: Von den Anschlussstellen Wörthsee und Inning am Ammersee an der A96 ist das südlich gelegene Herrsching auf verschiedenen Straßen zu erreichen.
Parkmöglichkeit: Auf dem Großparkplatz am Fuß von Kloster Andechs

Tourencharakter
Die Tour führt in sanftem Auf und Ab durch das Fünfseenland. Etwas anstrengendere Anstiege sind in Hechendorf und bei Steinebach zu meistern und eine lange Abfahrt führt von Andechs nach Herrsching. Die Tour verläuft teils auf geteerten Nebenstraßen, teils auf unbefestigten Rad- und Wirtschaftswegen. Nur kurz in den Ortschaften ist mit etwas mehr Verkehr zu rechnen.

Radkarte
ADFC-Regionalkarte 1:75000, Blatt Bayerische Seen

Bademöglichkeiten
An Pilsensee, Weßlinger See und Ammersee

Information
Touristinfo Herrsching, Tel. 08151/906010, www.ammersee-region.de

Diese Runde führt uns zu vier der fünf Seen, denen das Fünfseenland seinen Namen verdankt. Vorbei an Pilsensee, Wörthsee und Weßlinger See radeln wir hinauf zum Kloster Andechs auf dem »Heiligen Berg«, der weithin sichtbaren Landmarke über dem Fünfseenland.

Durchs Seenland nach Weßling Vor dem Bahnhof Herrsching radeln wir nach links und wechseln von der Vorfahrtsstraße geradewegs auf die Ladestraße. Sie führt uns zu einer Vorfahrtsstraße, auf der wir wenige Meter nach links radeln. Vor dem Bahnübergang biegen wir rechts auf einen Radweg ab, der uns an der Bahnstrecke entlang nach Hechendorf führt. Nach dem Strandbad Pilsensee geht es an der Kreuzung links unter der Bahnlinie hindurch und steil aufwärts in den Ort. Wir biegen rechts auf die Hauptstraße ein, die an der breiten Inninger Straße endet. Auf ihr fahren wir wenige Meter nach links, dann rechts in die Günteringer Straße und nach 350 Metern links in den Steinebacher Weg. An der folgenden Gabelung biegen wir

rechts auf einen Wirtschaftsweg ab, der uns geradewegs zum Ortsrand von Steinebach bringt. Wir biegen rechts in die Kiebitzstraße ein und radeln an deren Ende links zur nahen Auinger Straße, der wir nach rechts folgen. Auf ihr links haltend geht es über die Landstraße und auf der Bahnhofstraße am S-Bahnhof Steinebach vorbei zur Wesslinger Straße.

Wir fahren rechts aufwärts und überqueren nach 400 Metern rechts haltend die Bahnlinie. Nach der Brücke auf der Kiesstraße radeln wir links aufwärts und geradewegs durch den Wald, bis wir an einer Gabelung dem Radwegweiser Richtung Weßling links auf die Felder folgen. Neben der Bahnlinie hilft eine Brücke über die neue Umgehungsstraße. Bald fahren wir geradeaus durch Weßling bis vor eine Unterführung, an der wir nach links abbiegen. Parallel zur Landstraße geht es nun bis zu einer Fußgängerampel im Ort. Wir überqueren hier die Straße und radeln auf dem Uferweg zum nahen Weßlinger See. Das Seebecken bildete sich am Ende der letzten Eiszeit, als ein vom Gletscher abgetrennter und von Geröll bedeckter Eiskörper langsam abschmolz und eine sogenannte Toteismulde hinterließ.

Linke Seite: Den Weßlinger See haben wir der Eiszeit zu verdanken.

Durchs Hügelland zum Kloster Andechs Wir radeln geradewegs am See vorbei, dann auf dem Steinebacher Weg rechts aufwärts und neben der Kirche links in die Straße Am Kreuzberg. Sie knickt bald nach links

Guten Appetit

Wenn man den Besuch im Kloster Andechs nicht mit einer Rast im urigen Klosterbräustüberl Andechs verbindet, hat man den heiligen Berg nicht wirklich gesehen. Seit ewigen Zeiten ist die Wirtschaft wegen der bodenständigen Küche und vor allem dank des berühmten Andechser Klosterbiers eine urbayerische Institution. In den historischen Gasträumen fühlt man sich in königlich-bayerische Zeiten zurückversetzt. Und sitzt man auf der Aussichtsterrasse in der Sonne, fühlt man sich dem bayerischen Himmel ein Stückchen näher (täglich geöffnet, www.andechs.de).

und führt uns zu einer Kreuzung, an der wir links der Straße Am Karpfenwinkel folgen. Nach 400 Metern biegen wir rechts in die Ettenhofener Straße ein. Sie führt uns geradewegs zum Gutshof Ettenhofen. 200 Meter nach dem Hof biegen wir links auf einen Wirtschaftsweg ab, der uns über den Hügelkamm des Klausbühl geradewegs zu einer Vorfahrtsstraße in Hochstadt führt. Auf ihr radeln wir rechts nach Unering. Wir fahren auf der Hauptstraße in den Ort und biegen an der Kreuzung unterhalb des Kirchleins rechts in die nach Drößling ausgeschilderte Nebenstraße. Sie führt uns über einen Hügel nach Drößling. Wir wechseln im Ort geradewegs auf eine Vorfahrtsstraße und schon nach 50 Metern wieder geradeaus auf eine Nebenstraße, die uns nach Frieding führt.

Wir radeln auf der Vorfahrtsstraße durch das Dorf und folgen neben der Kirche der nach rechts knickenden Hauptstraße nach Widdersberg. Im Dorf biegen wir noch vor der Kirche links in eine nach Andechs ausgeschilderte Nebenstraße ein, die uns zu einer Kreuzung bringt. Wir überqueren geradewegs die Vorfahrtsstraße und radeln sanft aufwärts zum »Heiligen Berg Oberbayerns«, der vom Kloster Andechs gekrönt wird. Schnell ist der Bergfuß erreicht und rechts kann man die Räder zur Klosterwirtschaft und zur Klosterkirche hinaufschieben.

Die Dorfschmiede in Erling erinnert an vergangene Zeiten.

Abwärts zum Ammersee Zurück vom Klosterberg radeln wir rechts auf der Hauptstraße durch das Dorf Erling. Nach 500 Metern biegen wir rechts in die Kientalstraße ein. Bald geht es rechts des Kienbachs talwärts und am Ortsrand setzt der Teerbelag aus. Durch das schattige wildromantische Kiental lassen wir jetzt die Räder nach Herrsching hinabrollen. Im Ort wechseln wir von der Kientalstraße geradewegs auf die Andechser Straße. Kurz vor ihrem Ende gelangen wir links auf der Abertstraße zur viel befahrenen Mühlfelder Straße und fahren auf ihr wenige Meter nach rechts. Wir biegen links in die Fischergasse ein, die an einer breiten Straße endet. Rechts geht es zum Bahnhof Herrsching, links zum Ufer des Ammersees. Herrsching besitzt die längste Seepromenade Deutschlands mit einer Bootsanlegestelle der Ammerseeschifffahrt, mehreren Badestellen und zahlreichen Cafés und Gasthöfen. In einem Park am Ufer liegt das sogenannte Kurparkschlösschen, eine 1895 erbaute Villa, die man auch für Privatfeiern

mieten kann. Besonders schön sind auf der Uferpromenade die Abendstunden, wenn im Westen über dem Ammersee die Sonne untergeht.

Die Silhouette vom Kloster Andechs wird von der herrlichen Klosterkirche dominiert.

Oberbayern-Erfahrung: Kloster Andechs

Anstelle einer Burg, deren Kapelle wohl schon im 12. Jahrhundert Ziel einer Wallfahrt war, entstand im 15. Jahrhundert hoch über dem Ammersee auf dem »Heiligen Berg« das Kloster Andechs. Dank wertvoller Reliquien wurde das Kloster rasch einer der wichtigsten Wallfahrtsorte in Bayern und wird bis heute von zahlreichen Pilgern aus nah und fern besucht. Am höchsten Punkt des Klosterbergs ragt die Kirche mit ihrem eleganten Zwiebelturm auf. Das im Laufe der Jahrhunderte mehrfach umgebaute Gotteshaus wurde Mitte des 18. Jahrhunderts umgestaltet und zählt seither zu den schönsten Rokokokirchen in Bayern. Mehrere Kapellen schließen sich an den Kirchenraum an. In der »Heiligen Kapelle« werden die wertvollen mittelalterlichen Reliquien und die bedeutendsten Kunstwerke des Kirchenschatzes aufbewahrt. Unterhalb der hoch aufragenden Klosterkirche, die im weiten Umkreis eine unübersehbare Landmarke setzt, schmiegen sich die Klostergebäude mit dem beliebten Klosterladen an den Berghang. Hier kann man unter anderem die Erzeugnisse der Andechser Klosterbrennerei erwerben. Ein Besuch in der altehrwürdigen Klosterschänke, in der natürlich Andechser Bier ausgeschenkt wird, bildet den gemütlichen Abschluss einer Besichtigungsrunde.

17 Am Ostufer des Starnberger Sees

Bergblick und Badeglück

mittel | 38 km | 200 Hm | 3.15 Std.

Highlight: Naturparadies

Ausgangs- und Endpunkt
Bahnhof in Starnberg

GPS
47.9963 N, 11.3430 O

Anfahrt
Bahn: Starnberg liegt an der Bahnstrecke München–Garmisch und ist von München aus mit der S6 zu erreichen.
Auto: Von der A95 über das Autobahnkreuz Starnberg und die A952 nach Starnberg. In Starnberg eingeschränkte Parkmöglichkeiten
Parkmöglichkeit: Am südlichen Ortsrand von Starnberg liegen an der Straße nach Berg die Parkplätze des Freizeitgeländes Kempfenhausen (an schönen Wochenenden früh belegt).

Tourencharakter
Zwischen Starnberg und Ammerland in stetem Auf und Ab durch das Hügelland, dann nahezu steigungsfrei. Die Runde verläuft auf geteerten, verkehrsarmen Nebenstraßen und auf unbefestigten, aber gut zu befahrenden Wirtschaftswegen. Nur im Stadtgebiet von Starnberg stärkerer Verkehr.

Radkarte
ADFC-Regionalkarte 1:75000, Blatt Bayerische Seen oder Blatt München/Alpenvorland

Bademöglichkeiten
Am Starnberger See zwischen Ambach und Starnberg

Information
Touristinfo Starnberg, Tel. 08151/90600, www.sta5.de

Auf der ersten Hälfte der Tour erkunden wir das Hügelland östlich des Starnberger Sees, das mit malerischen kleinen Dörfern und herrlichen Zugspitzblicken begeistert. Zurück geht es am See entlang, wo uns im Sommer die zahlreichen Badeplätze kaum vorwärtskommen lassen.

Vom Erholungsgebi
Kempfenhausen geht der Blic
nach Starnber

Zum Kirchlein von Mörlbach

Vor dem Bahnhof Starnberg radeln wir nach rechts. Unser Weg schwenkt links in die Kaiser-Wilhelm-Straße. An einem Linksknick folgen wir den Radwegweisern Richtung Percha rechts, radeln unter der Bahnlinie hindurch und an der vierspurigen B2 entlang. Der Radweg knickt wenige Meter hinter der Würmbrücke nach rechts und endet an einer Straße, der wir nach links folgen. Nun auf der viel befahrenen Straße durch Percha zu einer Ampelkreuzung, an der wir geradeausfahren. Nach kurzer Strecke geht es an einer Linkskurve geradewegs in die schmale Harkirchner Straße. An der Gabelung neben dem Malteserstift fahren wir rechts abwärts und auf stillem Sträßchen geradewegs an Manthal vorbei zu einer Weggabelung. Wir radeln links hinauf ins nahe Harkirchen.

Wir fahren geradeaus auf der Neufahrner Straße aus dem Dorf zu einer Weggabelung im Wald. Hier rechts auf einer Forststraße den Radwegweisern folgend durch den Wald. An einer ersten Kreuzung fahren wir geradeaus und halten uns nach 1,5 Kilometern an einer Gabelung rechts. Über einen Hügel und an der Gabelung am Waldrand links haltend geht es nach Mörlbach und dort geradewegs zur Ortsdurchfahrt. Wer einen Abstecher zum Kirchlein von Mörlbach unternehmen möchte, der folgt der Straße wenige Meter nach links und biegt dann rechts auf den

Das schlichte Kirchlein in Mörbach überrascht mit bedeutenden Kunstwerken.

Guten Appetit

Fährt man auf der Hauptstraße durch Ammerland kurz aufwärts, liegt links an der Straße die Bäckerei Graf. Sie ist aus der Fernsehserie Hubert & Staller als Bäckerei Rattlinger bekannt. Im netten Tante-Emma-Laden kann man sich eine kleine Brotzeit kaufen. Am nördlichen Ortsrand von Ammerland ist die Fischerei Seebald ein beliebter Radlertreff. Bevor man eine der vielen Badestellen am See ansteuert, kann man im Laden frische und geräucherte Köstlichkeiten erwerben. Oder man lässt im Garten idyllisch unter Obstbäumen sitzend die Seele baumeln (geöffnet Di–So und feiertags, www.bootsverleih-fischerei.de).

Zwiebelturm und Maibaum im Zentrum von Münsing

Stephaniweg ein, der zum kleinen Gotteshaus führt. Die unscheinbare Stephanskirche beherbergt einige der wertvollsten Kunstwerke in weitem Umkreis. Sie ist mit spätgotischen Fresken ausgemalt und das spätgotische Chorgestühl blieb erhalten. Besondere Bedeutung haben aber die beiden herrlichen spätgotischen Altäre aus der Zeit um 1500.

Über Münsing zum Starnberger See Unser Weiterweg folgt aber der Durchfahrtsstraße nach rechts. Nach einer Abfahrt treffen wir auf die Kreisstraße, die uns rechts über aussichtsreiche Wiesen ins nahe Bachhausen führt. Wir radeln geradewegs durch den Ort und folgen am Ortsrand hinter einem Brückchen den Radwegweisern Richtung Münsing nach links auf ein schmales Sträßchen. Bald geht es auf einem Wirtschaftsweg aufwärts nach Biberkor und geradewegs an der großen Montessorischule vorbei. An der Straßenkreuzung nach den Gebäuden biegen wir nach rechts und an der folgenden Kreuzung links auf die Teerstraße ein. Sie führt uns abwärts zur Landstraße, die geradewegs überquert wird.

Oberbayern-Erfahrung: Starnberger See

Südlich von München schmiegt sich der Starnberger See in ein von grünen Hügeln eingefasstes Becken. Entstanden ist diese wundervolle Landschaft während der letzten Eiszeit, als der Würmgletscher aus den Alpen weit ins Alpenvorland vorstieß und den Untergrund ausschürfte. Er hinterließ das lang gezogene, rundum von Moränenwällen begrenzte Zungenbecken, in das sich heute der Starnberger See schmiegt. Im Gegensatz zu den anderen großen Seen im Alpenvorland trägt kein großer Zufluss Material in den See. So ist er der tiefste der Voralpenseen, das Wasser ist glasklar und es wird viel länger dauern, bis er endgültig verlandet. Schon die Wittelsbacher verbrachten gern die Sommermonate in den Schlössern am See. Im 19. Jahrhundert entdeckte die Münchner Oberschicht dank einer frühen Bahnverbindung den See für sich und bis heute gelten seine Ufer als Rückzugsort der Reichen und Schönen. Wir erkunden heute zuerst die stillen Moränenhügel, die den See im Osten vom Isartal trennen. Hier begeistern grüne Wiesen, malerische kleine Dörfer und der herrliche Zugspitzblick. Zurück geht es am Ostufer des Starnberger Sees, wo uns im Sommer die zahlreichen einladenden Badeplätze schnell am Weiterradeln hindern.

er beschauliche Dorfweiher
n Mörlbach

In Ammerland erreichen wir den Starnberger See.

Rechte Seite: Spätsommerstimmung in Mörlbach

Am Starnberger See locken zahlreiche Einkehrmöglichkeiten.

Wir radeln am Sportgelände von Höhenrain vorbei auf einen Kiesweg und nach einem Kilometer auf der unbefestigten Sibichhauser Straße nach links. An der folgenden Gabelung geht es nach rechts und sanft aufwärts zum Hof von Schwabbruck. An der Kreuzung fahren wir geradeaus und auf schönem Weg in sanftem Auf und Ab am Waldrand entlang nach Münsing. Wir radeln geradewegs in den Ort, überqueren eine Vorfahrtsstraße und biegen rechts haltend in die Schmiedgasse ein. Sie bringt uns zur nahen Hauptstraße, die geradewegs überquert wird. Auf der Degerndorfer Straße radeln wir nun zum Ortsrand hinauf.

Dort folgen wir den Radwegweisern Richtung Holzhausen auf einen Kiesweg, von dem sich ein fantastischer Panoramablick zu den Alpen bietet. Wir bleiben stets auf dem breiten Hauptweg und treffen nach 2,5 Kilometern auf eine schmale Vorfahrtsstraße, auf der wir rechts nach Holzhausen radeln. Hier auf der Landstraße nach rechts und nach 200 Metern links in die nach Reichenkam ausgeschilderte Nebenstraße. Auf ihr fahren wir über einen kurzen Berg

hinauf nach Reichenkam und dort rechts auf einen nach Ammerland ausgeschilderten Wirtschaftsweg. Wir folgen immer dem breiten Hauptweg und erreichen nach zwei Kilometern sanfter Abfahrt am Ortsrand von Ammerland eine schmale Teerstraße, die uns links zur Südlichen Seestraße bringt. Auf ihr geht es rechts ins Ortszentrum und dort links in die Nördliche Seestraße.

Am Ostufer des Starnberger Sees Bestens von den Radwegweisern geleitet radeln wir nun, vorbei an zahlreichen Badestellen, am Ufer des Starnberger Sees nach Leoni. Am Ortsende biegen wir vor einem Anstieg links in den Parkweg ein und fahren nach dem Parktor links zur Votivkapelle. Sie erinnert an den Tod von Ludwig II., dem bayerischen Märchenkönig. Unterhalb markiert ein Kreuz im See jene Stelle, an der der König starb.

Weiter geht es ins nahe Berg. Hier auf der Straße links kurz steil abwärts und an der nächsten Gabelung links Richtung See. Wir folgen der Seestraße, bis uns die Radwegweiser links auf einen schmalen Kiesweg weisen. Auf ihm radeln wir am Seeufer entlang an einladenden Badestellen vorbei durch das Erholungsgebiet Kempfenhausen. Zum Schluss fahren wir am großen Parkplatz vorbei und kurz darauf an der Gabelung nach der Seestub'n Percha nach rechts. Wir schwenken links haltend auf den Schiffbauerweg ein und folgen ihm bis vor die vierspurige B2. Hier treffen wir auf den morgendlichen Hinweg. Wer also sein Auto entlang der Strecke geparkt hat, der kann rechts auf der viel befahrenen Straße zur Ampelkreuzung in Percha radeln.

Wer zurück zum Bahnhof will, der radelt zur nahen Bundesstraße und an ihr entlang links nach Starnberg. Nach kurzer Strecke geht es geradewegs über eine Kreuzung und unter der Bahnlinie hindurch zur Kaiser-Wilhelm-Straße, auf der wir links zum Bahnhof Starnberg zurückradeln.

18

Von Gauting ins Würmtal

Keltenschanze und Römervilla

leicht | 29 km | 160 Hm | 2.30 Std.

Highlight: Sehenswürdigkeit

Ausgangs- und Endpunkt
Bahnhof in Gauting

GPS
48.0706 N, 11.3768 O

Anfahrt
Bahn: Der Bahnhof Gauting liegt an der Bahnlinie von München nach Garmisch und ist von München aus mit der S6 zu erreichen.
Auto: Gauting liegt zwischen München und Starnberg im Tal der Würm an der Staatsstraße 2063. Gute Parkmöglichkeiten an der Gaststätte Forsthaus Kasten an der Straße zwischen Gauting und Neuried.
Parkmöglichkeit: Beste Parkmöglichkeit an der Keltenschanze in Buchendorf

Tourencharakter
Die Anstiege sind allesamt recht kurz oder sanft und sind ohne große Mühen zu bewältigen. Ein großer Teil der Tour verläuft auf unbefestigten, aber gut zu befahrenden Rad- und Wirtschaftswegen. Stärkerer Verkehr herrscht nur auf kurzen Strecken in Gauting und beim Badeabstecher zum Starnberger See.

Radkarte
ADFC-Regionalkarte 1:75 000, Blatt Bayerische Seen oder Blatt München/Alpenvorland

Bademöglichkeiten
Badeabstecher zum Starnberger See möglich

Information
Touristinfo Starnberg, Tel. 08151/906 00, www.sta5.de

Über die Endmoräne des eiszeitlichen Würmgletschers führt uns diese Tour durch alte Kulturlandschaften zum Becken, in dem der Starnberger See liegt. Am Weg liegen eine Keltenschanze, ein römischer Gutshof und das Schloss von Leutstetten. Der Rückweg folgt dem engen Tal der Würm.

Zur großen Keltenschanze Vom Bahnhof Gauting radeln wir auf der Hauptstraße kurz nach links und vor der Unterführung rechts in die Hubertusstraße. Nach 800 Metern an einer Gabelung rechts in die Nimrodstraße, an ihrem Ende geradewegs auf einen Radweg und an der folgenden Kreuzung rechts zu einer schmalen Straße. Wir fahren wenige Meter nach rechts und dann

links zur schmalen Grubmühlerfeldstraße, der wir nach links folgen. An der Kreuzung vor der Grubmühle rechts zur nahen Landstraße. Wenige Meter nach rechts und dann über die Straße in einen Kiesweg, der uns bald in den Wald führt. An einer ersten Wegkreuzung radeln wir geradeaus und nach einem kurzen Anstieg an der nächsten links zum Ausflugslokal Forsthaus Kasten.
Hinter dem Biergarten gelangen wir rechts haltend auf der Zufahrtsstraße zur breiten Hauptstraße. Wir folgen ihr kurz nach rechts und biegen dann links nach Buchendorf ab. Am Ortsrand können wir links einen Abstecher zur mächtigen keltischen Viereckschanze machen. Nach der Besichtigung kehren wir zur Hauptstraße zurück und radeln links ins Ortszentrum von Buchendorf.

Guten Appetit

Die Schlossgaststätte Leutstetten ist ein beliebter Treffpunkt für Radler, die nördlich des Starnberger Sees und im Würmtal unterwegs sind. Zur Auswahl stehen hier eine rustikale Gaststube, ein schöner Gastgarten mit Bedienung und ein typisch bayerischer Biergarten mit Selbstbedienung. Unter den alten Bäumen vor der Schlosswirtschaft, die im Besitz von Prinz Luitpold von Bayern ist, schmecken die Brotzeit und das Bier der Kaltenberger Schlossbrauerei besonders gut (geöffnet Mi–So, www.schlossgaststaette-leutstetten.de).

Linke Seite: Zwischen Starnberg und Gauting hat die Würm ein tiefes Tal gegraben.

Auf stillen Wegen nach Leutstetten An der Kreuzung vor der Kirche folgen wir neben der goldenen Mariensäule der Hauptstraße nach rechts. Nach 50 Metern geht es links in den Leutstettener Weg und am Ortsrand links haltend auf den Wangener Weg. Bald auf dem Sträßchen in den Wald und nach zwei Kilometern schräg links über eine schmale Teerstraße. Wir folgen dem Hauptweg geradeaus zum Ortsrand von Wangen. An der Weggabelung radeln wir rechts auf der Angerstraße zur vorfahrtsberechtigten Wildmoosstraße, auf der wir rechts aus dem Dorf radeln. Nach einer schwungvollen Abfahrt biegen wir in den ersten nach links abzweigenden Feldweg.

Geschichte zum Anfassen – die mächtigen Wälle der Keltenschanze von Buchendorf

Über die Wiesen und einen bewaldeten Buckel geht es zu einer Wegkreuzung am Waldrand. Hier fahren wir nicht links Richtung Starnberg, sondern geradeaus. An der nächsten Kreuzung wechseln wir geradewegs auf ein Teersträßchen, das uns links um einen Gutshof nach Heimatshausen führt. Wir lassen die Räder geradewegs durch die Siedlung zu einer Querstraße abwärtsrollen. Links führt ein etwa ein Kilometer langer, ausgeschilderter Abstecher zum Badegelände Percha am Starnberger See.
Unser Weiterweg führt hier allerdings nach rechts. Nach 200 Metern folgen wir geradewegs den Radwegweisern auf einen schmalen Weg. Teils auf Bohlenwegen radeln wir durch das Moor und den Wald und erreichen nach zwei Kilometern eine Kreuzung, an der wir uns links halten. Nach kurzer Fahrt biegt am Waldrand ein Weg zur nahen Ausgrabungsstelle der römischen Villa Rustica ab. Unser Weiterweg knickt hier nach rechts und führt uns über aussichtsreiche Wiesen zum Ortsrand von Leutstetten. Hier auf der Straße nach links und vorbei am Schloss Leutstetten aufwärts zu einer Querstraße, auf der links nach kurzer Fahrt die beliebte Schlosswirtschaft in Leutstetten erreicht wird.

Bei Leutstetten wurde ein römisches Landgut ausgegraben.

Durch das Tal der Würm In Leutstetten folgen wir der Zufahrtsstraße, die vorbei am kleinen Kirchlein hinab ins Würmtal führt. Dort treffen wir auf die Landstraße, auf der wir links die Würm überqueren. Kurz nach der Brücke fahren wir rechts in einen Kiesweg, der uns zu einer Querstraße bringt. Auf ihr rechts über die Würm zur Landstraße und auf dem Radweg nach links. Nach kurzer Strecke überqueren wir die Straße und radeln links am Forsthaus Mühltal vorbei auf einen schmalen Weg. Der gut beschilderte Weg führt uns rechts der Würm zu einem Gehöft. Wir wechseln auf ein Teersträßchen und radeln nun geradeaus, bis wir in Gauting auf die viel befahrene

Das Kirchlein von Leutstetten ist einen Zwischenstopp wert.

Münchener Straße stoßen. Auf ihr geht es links über die Würm zur großen Kreuzung im Zentrum von Gauting. Geradewegs führt die Bahnhofstraße hinauf zum Bahnhof Gauting. Wer die Tour nicht am Bahnhof Gauting begonnen hat, der kann an der großen Kreuzung rechts in die Grubmühlerfeldstraße einbiegen und trifft am Ortsrand von Gauting wieder auf die ab dem Bahnhof beschriebene Route.

Oberbayern-Erfahrung: Tour in die Geschichte

Die Radrunde nördlich des Starnberger Sees führt uns weit in die Geschichte zurück. Vor über 2000 Jahren entstand die imposante Keltenschanze bei Buchendorf. Mit ihren mächtigen Wällen gehört sie zu den besterhaltenen ihrer Art und gilt vielen als Ort mit besonderen Kräften. Lange hielt man solche Anlagen für umfriedete heilige Bezirke. Die neuere Forschung sieht in den wehrhaften Bauten jedoch eine Art befestigter keltischer Gutshöfe. Nächster Stopp auf unserer Tour in die Geschichte ist Leutstetten. Dass der um das Jahr 800 erstmals urkundlich erwähnte Ort auf uraltem Kulturboden liegt, davon zeugt die in der Nähe ausgegrabene römische Villa Rustica. Vom Landgut sind heute noch die Grundmauern des Hauptgebäudes zu sehen und Teile der antiken Fußbodenheizung des Badehauses. Auf dem Moränenrücken über Leutstetten liegen die Reste der mittelalterlichen Karlsburg. Einer höchst unwahrscheinlichen Legende nach soll in der Burg Karl der Große zur Welt gekommen sein. Die Steine der Burg wurden im 16. Jahrhundert für den Bau des Leutstettener Schlosses verwendet. Am Ortsrand liegt die kleine romanische Kirche St. Alto mit einem wertvollen spätgotischen Pfingstaltar und dem barocken Tafelbild der drei heiligen Jungfrauen.

Zwischen Isar und Inn

Die Altstadt von Wasserburg liegt in einer Innschleife (Tour 24) (o. li.). Der Tölzer Kalvarienberg hoch über der Isar (Tour 20) (o. re.). Radeln mit Blick zum Wilden Kaiser (Tour 23) (u. re.). Kunstvolle Erinnerung an die Münchner Wasserversorgung im Mangfalltal (Tour 21) (u. li.).

19

Von Wolfratshausen nach Norden

Wo die Isar wild sein darf

mittel | 44 km | 190 Hm | 3.45 Std.

Highlight: Naturparadies

Ausgangs- und Endpunkt
Bahnhof Wolfratshausen

GPS
47.9147 N, 11.4269 O

Anfahrt
Bahn: Von München mit der S 7 nach Wolfratshausen
Auto: Von der Ausfahrt Schäftlarn an der A 95 auf der Staatstraße 2071 über Hohenschäftlarn zum Kloster Schäftlarn und weiter zu den Parkplätzen nahe der Isarbrücke
Parkmöglichkeit: Östlich von Kloster Schäftlarn nahe der Isar und an der Isarbrücke östlich von Wolfratshausen kurz vor dem Gasthof Aujäger

Tourencharakter
Die Tour verläuft auf gut zu befahrenden Kieswegen sowie verkehrsarmen Nebenstraßen und Feldwegen. Nach dem flachen Beginn der Isar führt ein längerer Anstieg auf die Randhöhen, über die wir in sanftem Auf und Ab zurückradeln. Nur im Stadtgebiet von Wolfratshausen ist mit stärkerem Verkehr zu rechnen.

Radkarte
ADFC-Regionalkarte 1:75 000, Blatt München/Alpenvorland

Bademöglichkeiten
An der Isar und am Deininger Weiher

Information
Touristinfo Wolfratshausen, Tel. 08171/21 42 06, www.tourismus.wolfratshausen.de

Ein besonders schönes Flussstück der wilden Isar ist das Naturschutzgebiet Pupplinger Au, durch das uns diese Tour führt. Vom Fluss geht es hinauf zu den östlichen Randhöhen. Dort radeln wir durch dunkle Wälder, über aussichtsreiche Wiesen und zu einem beliebten Badesee.

Im Tal der Isar Vom Bahnhof Wolfratshausen radeln wir links zum Radweg an der breiten Sauerlacher Straße und auf ihm links über die Bahnlinie. Nun immer an der Straße entlang, bis wir nach der Isarbrücke links in die Austraße abbiegen. Sie führt uns am Gasthof Aujäger vorbei in die Pupplinger Au. An einer Gabelung halten wir uns links und radeln bis zur Staustufe, an der der Isarkanal abgeleitet wird. Auf ihr links über den Kanal und dann an der Kreuzung neben dem Stauwerk geradeaus in den Wald. Auf dem Landstreifen zwischen dem Eisweiher zur Rechten und der Isar zur Linken, an der herrliche Badestellen locken, radeln wir auf dem Wirtschaftsweg flussabwärts. Kurz nach dem Ende des Eisweihers erreichen wir den Damm am Isarkanal. Nun geht

es auf der Dammkrone oder neben dem Damm flussabwärts bis zur Landstraße. Links bietet sich ein Abstecher über die Isar zum einen Kilometer entfernten Kloster Schäftlarn an.
Der Weiterweg führt jedoch rechts über den Isarkanal. Nach der Brücke biegen wir links auf ein schmales Sträßchen. Wir fahren am rechten Ufer des Isarkanals entlang bis zu einer Kreuzung kurz vor der Staustufe Mühltal. Geradeaus erreicht man nach kurzer Fahrt das Gasthaus zur Mühle an der Floßrutsche.

Auf schmalen Straßen geht es in die Pupplinger Au.

Linke Seite: Zum Abschluss der Tour kann man im Gasthof Aujäger einkehren.

Durch die Hügel zum Deininger Weiher Wir biegen jedoch nach rechts und am Ende eines kurzen Anstiegs links auf einen Wirtschaftsweg ein. Nach 700 Metern folgen wir an einer Kreuzung dem Hauptweg nach links und an der nächsten nach rechts. In weitem Bogen führt uns der Hauptweg sanft ansteigend zu einer Wegkreuzung am Rand der Hochebene. Wir biegen nach links und nach kurzer Strecke wieder nach links ab. Geradewegs radeln wir an der Siedlung Frundsbergerhöhe vorbei und durch den Wald bis zu einer Kreuzung auf einem Wiesenstreifen unter einer Stromleitung.
Hier fahren wir halb rechts auf eine Forststraße (nicht rechts der Stromleitung folgen!) und nach 400 Metern geradewegs über die Landstraße. An der nächsten Kreuzung biegen wir halb links in den Linkweg ein, auf dem wir das nahe Walderlebniszentrum Grünwald erreichen.
Kurz nach der Zufahrt zu den Ausstellungsgebäuden geht es rechts auf den Sauschüttweg und an der Wildschweinfütterung vorbei geradeaus bis zu den Feldern von Laufzorn. Wir treffen auf eine schmale

Guten Appetit

Am Ende des flachen Tourenauftakts liegt direkt an der längsten Floßrutsche an der Isar das Gasthaus zur Mühle. Hier kann man nicht nur die Flöße auf ihrer rasant-feuchten Talfahrt beobachten, sondern auch im wunderschönen Biergarten lecker bayerisch essen (geöffnet Di–So, www.gasthausmuehle.de). Will man erst später einkehren, lockt das Waldhaus Deininger Weiher mit seiner sonnigen, am malerischen Deininger Weiher gelegenen Gastterrasse. Vor oder nach der Stärkung kann man sich im dunklen Moorwasser des Weihers erfrischen (täglich geöffnet, www.waldhaus-deiningerweiher.de).

Oberbayern-Erfahrung: Pupplinger Au und Kloster Schäftlarn

Im Gegensatz zu den meisten Flüssen im Alpenvorland darf sich die auf weiten Strecken unverbaute Isar südlich von München noch richtig austoben. Ein besonders schönes Flussstück ist das Naturschutzgebiet Pupplinger Au. Bis zu zwei Kilometer breit sind die Auwälder und die hellen Kiesbänke scheinen sich ständig zu verändern. Der Wechsel zwischen Erosion und Ablagerung schafft immer wieder neue Bereiche für speziell angepasste Pflanzen und Tiere, die nur noch ganz selten solche Lebensräume finden. Die großen Kiesbänke sind in den Sommermonaten beliebte Badestellen. Man sollte aber auf keinen Fall die als Vogelschutzzonen ausgewiesenen Kiesinseln betreten, auf denen seltene Vogelarten wie die Flussseeschwalbe brüten.

Nach einem Bad lohnt der kurze Abstecher zum Kloster Schäftlarn. Das im Jahr 762 gegründete Kloster gehörte einst zu den bedeutendsten Abteien in Oberbayern. Im Hochmittelalter war sie berühmt für die wertvollen, von den Mönchen gefertigten Handschriften. Der heutige barocke Klosterbau entstand Anfang des 18. Jahrhunderts. Die herrliche Klosterkirche wurde als spätbarockes Gesamtkunstwerk von den führenden Künstlern jener Zeit ausgestattet. Besonders eindrucksvoll sind die Stuckaturen und Fresken von Johann Baptist Zimmermann sowie die Altäre und die Kanzel von Johann Baptist Straub.

Der Deininger Weiher bietet sowohl Einkehr- als auch Bademöglichkeit.

Teerstraße, folgen ihr wenige Meter nach rechts und biegen anschließend links in den Oberndorfweg. An der nächsten Kreuzung links in den Maximilianweg und auf ihm geradeaus

durch den Wald, bis wir am Rand der Wiesen von Ödenpullach auf einen Querweg treffen. Wir radeln links zur nahen Teerstraße und auf ihr rechts nach Ödenpullach. Im Dorf fahren wir auf der Vorfahrtsstraße links abwärts ins bewaldete Gleißental. Dort biegen wir rechts auf einen Wirtschaftsweg ein, der im Talgrund nach Süden läuft. Nach zwei Kilometern radeln wir auf einem Querweg nach rechts und an der nächsten Kreuzung links haltend weiter durch das Tal. Auf dem teils holprigen Forstweg nach 2,5 Kilometern zu einer Teerstraße, über die es zum nahen Gasthof Waldhaus Deininger Weiher geht.

Am Walderlebniszentrum Grünwald kann man Wildschweine beobachten.

Zurück nach Wolfratshausen Wir fahren auf dem Kiesweg links um den Deininger Weiher und an den folgenden Kreuzungen immer geradeaus in der Talmulde Richtung Ascholding und Dettenhausen. Vorbei an einem kleinen Moorgebiet und über Wiesen mit herrlichem Bergblick erreichen wir im Dörfchen Dettenhausen eine Straße. Auf ihr radeln wir rechts durch das Dorf und geradewegs abwärts zur Landstraße. Nun geht es schräg rechts über die Straße in eine Nebenstraße, die uns über eine aussichtsreiche Kuppe zu einem Querweg bringt. Auf ihm links ins nahe Ergertshausen und an der folgenden Kreuzung rechts hoch zur Hauptstraße. Auf dieser fahren wir links an der Kirche vorbei durch den Ort und nach 250 Metern den Radwegweisern folgend rechts in den Riedhofweg. Am Ortsrand wechseln wir neben einem Bänkchen, auf dem man einen umfassenden Alpenblick genießen kann, geradewegs auf einen Kiesweg. Wir radeln durch das Golfgelände von Gut Riedhof zur Zufahrtsstraße und auf ihr links zur nahen Landstraße. Wir biegen rechts auf den Radweg ein, der an der Straße entlang ins Isartal hinabläuft. Nach einem Parkplatz schwenken wir rechts auf den Jägerweg, der am Gasthof Aujäger auf die Austraße trifft. Links geht es auf bekanntem Weg zur Landstraße und auf dem Radweg rechts zurück zum Bahnhof Wolfratshausen.

20

Panoramarunde bei Bad Tölz

Bergblick, Badesee und Klostereinkehr

mittel | 31 km | 200 Hm | 2.45 Std.

Highlight: Stadtspaziergang

Ausgangs- und Endpunkt
Bahnhof Bad Tölz

GPS
47.7608 N. 11.5735 O

Anfahrt
Bahn: Bad Tölz liegt an der Bahnlinie, die von München über Holzkirchen nach Lenggries führt.
Auto: Bad Tölz ist von der A95 über die Ausfahrt Sindelsdorf und die B472 zu erreichen, bzw. von der A8 über die Ausfahrt Holzkirchen und über die B318 und B13.
Parkmöglichkeit: Parkplätze am Kloster Reutberg und am Kirchsee, die an schönen Wochenenden früh belegt sind

Tourencharakter
Meist auf geteerten Nebenstraßen und Wirtschaftswegen, die mehrmals von gut zu befahrenden Kieswegen unterbrochen werden. Die Anstiege sind kurz und nur auf kurzen Abschnitten etwas steiler. Nach dem Kirchsee ist ein kurzes Wegstück schmal und recht holprig.

Radkarte
ADFC-Regionalkarte 1:75000, Blatt München/Alpenvorland

Bademöglichkeiten
Im Kirchsee und in Bad Tölz im Naturfreibad Eichenmühle

Information
Touristinformation Bad Tölz, Tel. 08041/78670, www.bad-toelz.de

Durch eine malerische Voralpenlandschaft führt uns diese Tour zum Kloster Reutberg mit seiner beliebten Wirtschaft und zum wundervollen Kirchsee, der im Sommer mit einer erfrischenden Badepause lockt. Zum Abschluss bietet sich eine Erkundungsrunde durch das historische Bad Tölz an.

Zum Kloster Reutberg Vor dem Bahnhof Bad Tölz radeln wir links in die Landrat-Wiedemann-Straße und queren nach 200 Metern über eine Vorfahrtsstraße in die Ruhlandstraße. Nach kurzer Fahrt geht es rechts in die Gaisacher Straße und bald geradewegs über eine Vorfahrtsstraße. Am nahen Gasthaus Bad Tölz fahren wir links haltend über die schmale Ellbachzeile zur Salzstraße. Sie führt uns links abwärts durch die Altstadt von Bad Tölz und geht dann geradewegs in die von herrlichen Bürgerhäusern eingefasste Marktstraße über, die als Fußgängerzone ausgewiesen ist. Auf ihr lassen wir die Räder

vorsichtig abwärtsrollen (ab 9.30 Uhr muss man schieben), bis wir am Beginn eines flachen Abschnitts links in die schmale Klammergasse einbiegen.

Auf ihr gelangen wir abwärts, links haltend über den Jungmayrplatz und dann rechts in die Botengasse. Nach kurzer Fahrt biegen wir links in die Krankenhausstraße ein und fahren geradeaus aus dem Ortszentrum von Bad Tölz. Nach 900 Metern auf einem kurzen Radweg abwärts zur Karwendelstraße und auf ihr links unter der B472 hindurch. Wir biegen nach kurzer Fahrt rechts auf den Zwieselweg ein und radeln geradewegs bis zum Ortsrand von Bad Tölz. Hier radeln wir auf der Blombergstraße rechts zur B13 und auf dem Radweg nach links. Nach kurzer Fahrt geht es links in die erste Nebenstraße und nach 200 Metern erneut nach links.

In Gaißach-Mühl fahren wir geradewegs unter der Bahnlinie hindurch und bis zu einer Kreuzung am Gasthof zur Mühle. Hier rechts auf der Ostfeldstraße aus dem Ort und nach 600 Metern links in eine Kiesstraße. Nach weiteren 600 Metern an einer Gabelung geht es rechts zu einem Querweg, dem wir nach links folgen. Kurz nach einem Rechtsknick biegen wir links auf eine schmale Teerstraße ab, die uns ins nahe Greiling führt. Wir radeln geradewegs sanft aufwärts und bald unter der B472 hindurch zu einer Vorfahrtsstraße. Auf ihr rechts über einen Berg hinauf nach Reichersbeuern.

Auf der Hauptstraße geht es geradewegs durch den Ort und kurz vor dem Ortsende links in die Bahnhofstraße. Bald rechts auf dem Warngauer Weg zur Bahnlinie, die überquert wird. Wir

Kloster Reutberg erhebt sich auf einem aussichtsreichen Hügel.

Guten Appetit

1618 wurde südlich des Kirchsees das malerisch gelegene Franziskanerinnenkloster Kloster Reutberg gegründet. Die Klosterkirche und die historische Klosterapotheke können leider nicht besichtigt werden. Dafür kann man sich am Kloster, in dem seit über 300 Jahren Bier gebraut wird, im wunderschönen Klosterbräustüberl stärken. Der Panoramabiergarten, in dem man mit Reutberger Bier und einer abwechslungsreichen bayerischen Küche verwöhnt wird, bietet eine ungetrübte Sicht in die Berge (täglich geöffnet, www.klosterbraeustueberl.de).

Linke Seite: Das historische Zentrum von Bad Tölz liegt am Ostufer der Isar.

Der Kirchsee lockt mit herrlichen Badeplätzen.

fahren kurz an der Bahnlinie entlang und anschließend links durch den Wald zu einer Gabelung am Ende einer Waldweide. Nun geht es links auf dem Hauptweg geradewegs durch den Wald zu den Wiesen von Sachsenkam und unter der B13 hindurch zur Ortsdurchfahrt von Sachsenkam. Auf ihr rechts in das Ortszentrum und am Dorfplatz links in die untergeordnete Reutbergstraße, die uns zum 1618 gegründeten Kloster Reutberg führt.

Am Kirchsee vorbei nach Bad Tölz Nach dem Kloster biegen wir links in die zum Kirchsee ausgeschilderte Nebenstraße ein, der wir geradewegs zum Kirchsee folgen. Der malerische See liegt im Zungenbecken eines eiszeitlichen Gletschers. Das samtweiche Moorwasser erwärmt sich schnell und von den Badeplätzen am Nordufer bietet sich ein herrlicher Blick auf die Berge und zum nahen Kloster Reutberg. Der Weg läuft am Ufer entlang und wird nach dem See schmaler und steiniger. Er leitet uns im Auf und Ab durch den Wald und geht schließlich in ein Teersträßchen über, das uns zu einer schmalen Teerstraße bringt. Wir biegen nach links ab und radeln vorbei am Kogelweiher, in dem man ebenfalls baden kann, und durch den Weiler Abrain zu einer Kreuzung.
Hier fahren wir wenige Meter nach rechts zur vorfahrts-

Oberbayern-Erfahrung: Bad Tölz

Im 12. Jahrhundert wurde eine erste Burg erbaut, die über die Siedlung am wichtigen Isarübergang wachen sollte. 1331 erhielt Bad Tölz, das durch die Isarflößerei und vor allem durch den Salzhandel zu Wohlstand kam, die Marktrechte. Heute bezaubert vor allem der historische Ortskern rund um die zur Fußgängerzone umgestaltete Marktstraße, die sich von der Isarbrücke bergan zieht. Hier erzählen die stolzen, oftmals mit Lüftlmalereien bedeckten Bürgerhäuser vom einstigen Reichtum. Einen Besuch wert sind auch die spätgotische Pfarrkirche mit der gotischen Winzerkapelle und die Kirche Maria Hilf am oberen Rand der Altstadt, in der ein Fresko des berühmten Barockkünstlers Matthäus Günther die Tölzer Pestprozession darstellt. Hoch über der Isar ragt der Kalvarienberg auf, von dem man einen herrlichen Blick über den Isarwinkel hat. Beherrschender Mittelpunkt ist die doppeltürmige barocke Heilig-Kreuz-Kirche mit der Heiliggrabkapelle und der Heiligen Stiege, die nur auf Knien betend erstiegen werden soll. Die kleine, 1718 erbaute Leonhardikapelle ist alljährlich am 6. November Ziel der größten Leonhardi-Wallfahrt im Oberland – ein Muss für Pferdeliebhaber und Freunde traditioneller Feste.

berechtigten Kreisstraße, der wir nach links folgen. Nach 300 Metern verlassen wir an der nächsten Kreuzung geradewegs die nach links abknickende Straße und radeln am Weiler Rain vorbei über die Wiesen zur Landstraße. Wir überqueren sie links haltend und folgen einem guten Feldweg. Nach kurzer Fahrt knickt er nach links und kurz darauf radeln wir an einer Kreuzung auf dem besseren Weg rechts zu einer nahen Straße. Wir halten uns dort links und fahren geradewegs zur Schützenhausstraße in Ellbach. Auf ihr halten wir uns links Richtung Dorfzentrum, nach 100 Metern rechts auf der Eschenstraße zur Hauptstraße und auf ihr nach links. Nach wenigen Metern biegen wir rechts in die Bachstraße ein, die uns abwärts zum nahen Ellbacher Moor führt.

Auf einem Kiesweg radeln wir jetzt geradewegs durch das wundervolle Naturschutzgebiet, ehe wir uns über einen kurzen, aber steilen Berg zu einem Quersträßchen hinaufmühen. Wir lassen die Räder rechts abwärtsrollen und wechseln am Ende der Abfahrt auf einen Kiesweg, der uns zur Bahnlinie führt. Auf schmaler Teerstraße radeln wir jetzt entlang der Bahnlinie zurück nach Bad Tölz. Am Ortsrand passieren wir das Naturfreibad Eichenmühle und fahren geradewegs zurück zum Bahnhof Bad Tölz.

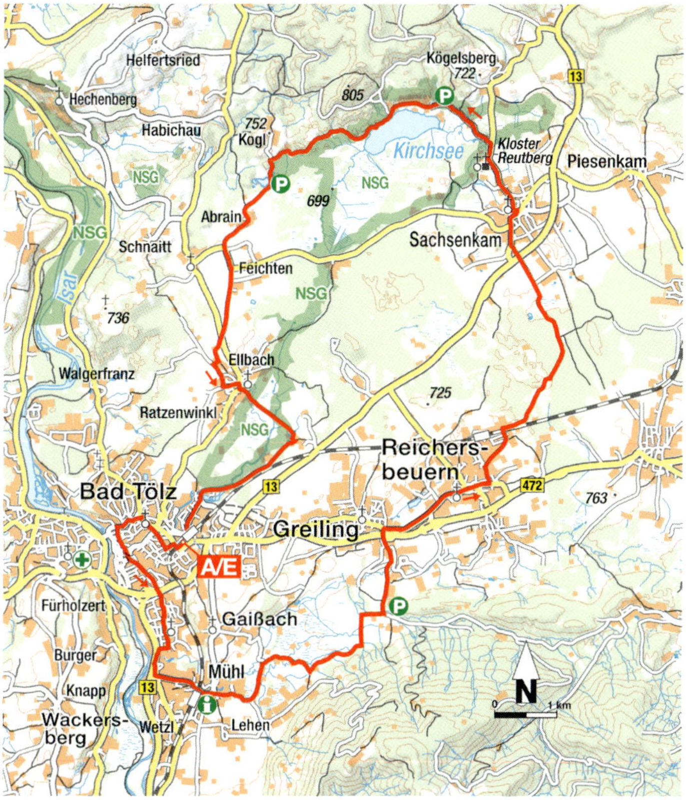

Die Marktstraße in Bad Tölz begeistert mit ihren historischen Bürgerhäusern.

21

Im oberen Mangfalltal

Wo das Münchner Wasser herkommt

schwer | 40 km | 290 Hm | 3.30 Std.

Highlight: Naturparadies

Ausgangs- und Endpunkt
Bahnhof Kreuzstraße

GPS
47.9170 N, 11.7590 O

Anfahrt
Bahn: Der Bahnhof Kreuzstraße ist von München aus mit der S 7 zu erreichen.
Auto: Der Bahnhof Kreuzstraße liegt östlich der A 8 und ist von der Anschlussstelle Holzkirchen über die Kreisstraßen MB 14 und MB 4 zu erreichen.
Parkmöglichkeit: Am Bahnhof Kreuzstraße und an der Brauerei in Valley

Tourencharakter
Längere Abschnitte auf verkehrsfreien, unbefestigten Wirtschaftswegen, die restliche Tour auf verkehrsarmen Nebenstrecken. Lediglich auf dem Abschnitt zwischen Oberwarngau und Einhaus folgt man einer Kreisstraße. Nach Oberwarngau ist ein etwas längerer Anstieg zu bewältigen und nach der Maxlmühle geht es einige Hundert Meter steil aufwärts.

Radkarte
ADFC-Regionalkarte 1:75 000, Blatt München/Alpenvorland

Bademöglichkeiten
Keine

Information
Tourismusverband Alpenregion Tegernsee Schliersee, Tel. 08022/927 38 90, www.tegernsee-schliersee.de

Auf dem Hinweg erkunden wir abseits aller gängigen Touristenrouten das ländliche Oberbayern, der Rückweg folgt dem Lauf der tief eingeschnittenen Mangfall. Hier können wir an der Quelle des Münchner Trinkwassers unseren Durst in mehreren empfehlenswerten Gaststätten löschen.

Auf stillen Wegen nach Oberwarngau Vom Bahnhof Kreuzstraße radeln wir zur nahen Hauptstraße und auf dem Radweg rechts aufwärts Richtung Valley. Am Ende des Anstiegs biegen wir links auf eine Nebenstraße ab, die uns über flache Wiesen nach Hohendilching führt. An der Kreuzung im Weiler biegen wir nach rechts ein und überqueren bei Sollach geradewegs die Kreisstraße. Das Sträßchen führt uns zur Bahnlinie, der wir folgen. Kurz vor dem Bahnübergang bei Fellach biegen wir links auf einen Wirtschaftsweg ab und nach wenigen Metern an der Wegkreuzung nach rechts. Nach kurzer Strecke geht es an der Gabelung auf dem linken Wirtschaftsweg kurz aufwärts in den Wald. Nun fahren wir immer geradeaus, unter der A 8 hindurch und zu einer Kreuzung am Waldrand. Wir biegen rechts auf eine schmale Teerstraße ein, die nach links knickt und uns ins nahe Oberlaindern bringt.

Hier radeln wir über die Bahnlinie und dann links haltend über die Landstraße in den schmalen Alleeweg. An seinem Ende geht es nach links und an der nächsten Gabelung rechts aus dem Ort. Vorbei an einem Golfplatz und durch einen schmalen Waldstreifen fahren wir auf dem Wirtschaftsweg geradewegs zu einer Wegkreuzung in Draxlham. Dort geradeaus und über die Felder zu einer Vorfahrtsstraße am Ortsrand von Osterwarngau. Auf ihr geht es wenige Meter geradeaus und danach geradewegs in eine schmale Straße. An der Kreuzung vor einem Hof halten wir uns links und treffen auf die Straße Am Anger, der wir kurz nach links folgen. Bei nächster Gelegenheit biegen wir in Osterwarngau rechts in die Dorfstraße ab, die uns zur Kreisstraße führt. Auf ihr fahren wir nach rechts und wenige Meter nach einer Kapelle links in eine schmale Nebenstraße. Sie geht geradewegs in einen Wirtschaftsweg über, auf dem wir nach Oberwarngau radeln.

Über die Allerheiligenkirche bei Warngau geht der Blick in die Berge.

Rund um den Taubenberg Wir biegen links in die Lindenstraße ein und folgen ihr an der Gabelung nach 200 Metern rechts aufwärts. Am Ortsrand treffen wir auf die Kreisstraße, auf der wir

Oberbayern-Erfahrung: Wasser für München

Die Mangfall sammelt das Wasser der Tegernseer Berge, durchfließt den Tegernsee und vereinigt sich nördlich von Miesbach mit der Schlierach. In einem tief eingeschnittenen Tal durchquert sie das Voralpenland. An den Hängen dieses Tals tritt in mehreren starken Quellen jenes Wasser zutage, das zu 80 Prozent den Münchner Wasserbedarf versorgt. Ende des 19. Jahrhunderts brach in München aufgrund schlechter Wasserqualität eine Typhusepidemie aus. Um die Stadt mit sauberem Wasser zu versorgen, wurde ab 1889 eine Fernwassversorgung aus dem Mangfalltal errichtet. Das Wasser wird seitdem in den Quellfassungen Reisach, Gotzing und Mühltal gesammelt und über eine 40 Kilometer lange Druckleitung nach München geführt. Der Höhenunterschied ist ausreichend, um in der Stadt auch höhere Gebäude mit Wasser zu versorgen. Um die Wasserqualiät zu sichern, kaufen die Stadtwerke landwirtschaftliche Grundstücke im Einzugsbereich der Quellen auf und verpachten sie unter strengen ökologischen Auflagen oder bieten Landwirten für ökologisches Wirtschaften finanzielle Förderungen. So ist das größte zusammenhängende ökologisch bewirtschaftete Gebiet in Deutschland entstanden. Ein Teil unserer Tour verläuft auf dem mit zahlreichen Schautafeln bestückten Radweg »Münchner Wasserweg«.

Die Pfarrkirche St. Georg in Osterwarngau

links zur barocken Wallfahrtskirche Allerheiligen radeln. Ein Blick in das sehenswerte Gotteshaus lohnt vor allem wegen der zahlreichen alten Votivbilder. Wir bleiben auf der Vorfahrtsstraße, der wir über die Kuppe, auf der Böttberg liegt, bis zum Weiler Einhaus folgen. Am Ortsende biegen wir links in eine Nebenstraße ab und halten uns nach wenigen Metern an der Gabelung wieder links. Jetzt folgen wir stets geradeaus dem schmalen Sträßchen, das uns durch eine wundervolle Landschaft mit sattgrünen Wiesen und verstreut liegenden Bauernhöfen führt. Nach drei Kilometern erreicht von rechts der Münchner Wasserweg unsere Route, dessen Wegweiser uns bis zum Tourenende die Richtung vorgeben. Geradeaus führt uns die kaum befahrene Straße durch die bezaubernde Landschaft nach Gotzing. Hier kann man im

Guten Appetit

Nachdem die größeren Anstiege überwunden sind, lockt uns im winzigen Dörfchen Gotzing der Gasthof Gotzinger Trommel zu einer ausgiebigen Rast. Die traditionsreiche Wirtschaft, die auf eine über 300-jährige Geschichte zurückblicken kann, wurde vom urbayerischen Original Hans Triebel sowohl kulinarisch als auch kulturell zu einer »Trutzburg des Bayerischen« gemacht, wie die Süddeutsche Zeitung zu berichten weiß. Da passt auch der Name des Wirtshauses ins Programm. Er geht auf einen Trommler zurück, der im Jahre 1705 den Aufstand der Oberländer Bauern gegen die Österreichischen Besatzer angeführt haben soll (täglich geöffnet, www.gotzinger-trommel.de).

beliebten Radlertreff Gasthaus Gotzinger Trommel nach den anstrengenden Bergen eine Rast einlegen.

Im Tal der Mangfall In Gotzing biegen wir rechts auf die schmale Kreisstraße ein und erreichen nach rasanter Abfahrt das Tal der Mangfall. Wenige Meter nach dem Bahnübergang biegen wir links in einen Weg ab, der uns zu einem kleinen Themenpark zum Münchner Wasserweg führt. Weiter geht es auf breiter Forststraße durch das waldreiche Tal der Mangfall, über das der Blick zum Kloster von Weyarn geht. In Mühltal treffen wir auf eine breite Straße, auf der wir nach links radeln. Nach 600 Metern biegen wir unter der beeindruckenden Autobahnbrücke rechts auf eine Nebenstraße ein und erreichen nach kurzer Fahrt eine Weggabelung. Auf dem Teerweg, der links abzweigt, lässt sich der Weiterweg etwas verkürzen. Wir folgen jedoch geradewegs dem Sträßchen, das uns an der glasklaren Mangfall entlang zur gemütlichen Wirtschaft Maxlmühle bringt.

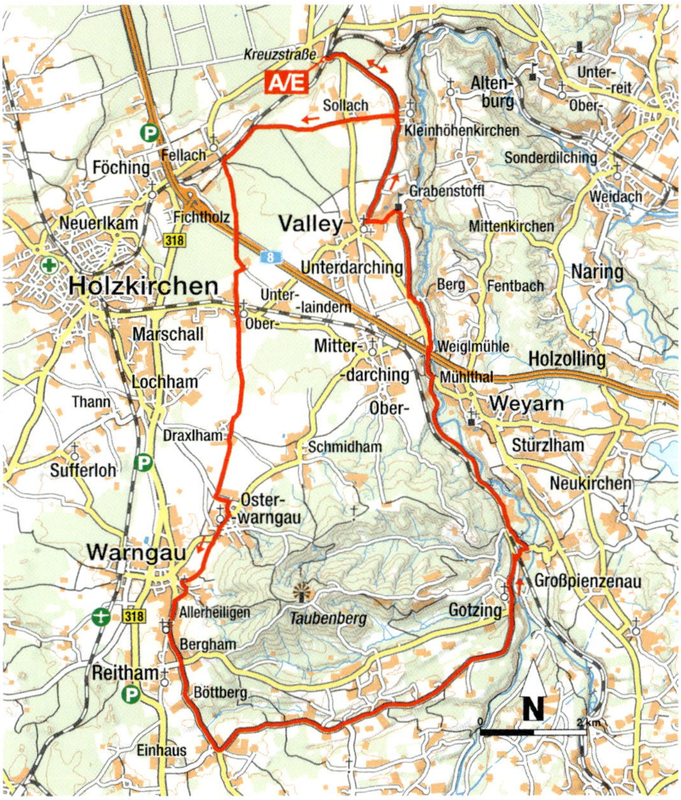

Hier schwenkt der Weg nach links und führt uns aufwärts zu einer Wegkreuzung neben einer Informationstafel des Münchner Wasserwegs, an der die beiden Wegvarianten wieder zusammenfinden. Auf einem steil ansteigenden Teersträßchen schieben wir jetzt die Räder zur Straße hinauf, auf der wir rechts zur Fürstlichen Brauerei Graf Arco in Valley radeln. Vom ehemaligen Schloss Valley sind noch einige Gebäude erhalten, in denen unter anderem das Bräustüberl und ein Orgelmuseum (Führung auf Anfrage) untergebracht sind. Unser Weg knickt hier nach links und führt uns durch Valley zu einer Kreuzung in Unterdarching. Wir biegen rechts in eine Nebenstraße ein, die uns über aussichtsreiche Wiesen an Hohendilching vorbei geradewegs zur breiten Kreisstraße bringt. Wir überqueren sie und lassen die Räder auf dem Radweg rechts zur nahen Bahnlinie und zum Bahnhof Kreuzstraße hinabrollen.

Linke Seite unten: Der Gasthof Gotzinger Trommel ist ein Zentrum bayerischer Lebensart.

In Valley kann man neben der Gräflichen Brauerei einkehren.

22

Rund um das Tal der Glonn

Biergärten, Wallfahrtskirchen und ein Schloss

mittel | 37 km | 220 Hm | 3.15 Std.

Highlight: Sehenswürdigkeit

Ausgangs- und Endpunkt
Bahnhof von Aßling

GPS
47.9898 N, 11.9937 O

Anfahrt
Bahn: Der Bahnhof Aßling liegt an der Bahnlinie, die von München über Grafing nach Rosenheim führt.
Auto: Aßling liegt südlich der B 304 (München–Wasserburg) an der Staatsstraße 2080 und ist von der A 8 über die Ausfahrt Rosenheim, die B 15 und die Staatsstraße 2080 zu erreichen.
Parkmöglichkeit: Parkmöglichkeiten am Bahnhof Aßling, an der Wallfahrtskirche Weihenlinden und an der Schlossbrauerei Maxlrain

Tourencharakter
Gleich zu Beginn der Tour ein steilerer, aber nicht allzu langer Anstieg nach Niclasreuth, dann durchwegs sanftes Auf und Ab. Der Großteil verläuft auf schmalen, verkehrsarmen Nebenstraßen; auf längeren Strecken auch unbefestigte, aber durchwegs gut zu befahrende Wirtschaftswege.

Radkarte
ADFC-Regionalkarte 1:75 000, Blatt München/Alpenvorland

Bademöglichkeiten
Keine

Information
Touristinfo: Bad Aibling, Tel. 08061/908 00, www.bad-aibling.de

Diese Tour führt uns abseits der gängigen Touristenrouten durch stille Täler und über aussichtsreiche Hügel. Am Weg liegen eindrucksvolle Gotteshäuser und ein malerisches Renaissanceschloss. Für das leibliche Wohl wird in einem der schönen Biergärten gesorgt.

Zur Wallfahrtskirche von Tuntenhausen Vom Bahnhof Aßling radeln wir rechts zur nahen Vorfahrtsstraße und auf ihr rechts haltend unter der Bahnlinie hindurch. An der folgenden Gabelung nach links und über einen anstrengenden Berg hinauf nach Niclasreuth. Kurz nach dem Ortsschild links in den Weiherweg und dann wiederum links fahren wir auf dem Osterwalder Weg abwärts bis vor die Bahnunterführung. Wir folgen hier den Radwegweisern geradewegs auf einen Wirtschaftsweg, der am Bahndamm entlangführt. Nach 2,5 Kilometern treffen wir am Ortsrand von Weiching auf die Landstraße. Auf ihr radeln wir nach rechts und nach gut 100 Metern rechts in die schmale Antersberger Straße. Nach einem Kilometer biegen wir in die erste links abzweigende Kiesstraße ein. Auf ihr über die schmale Moosach und an der folgenden Gabelung auf dem Hauptweg nach rechts. Auf ihm geht es rechts um einen bewaldeten Hügel und bald geradewegs nach Tuntenhausen. Wir radeln über die Hauptstraße zum Kirchplatz.

Zur Wallfahrtskirche Weihenlinden In Tuntenhausen radeln wir links um die Kirche zur Hilpertinger Straße, der wir nach rechts folgen. Nach einem Kilometer biegen wir rechts nach Emling ab und folgen im Weiler einer Querstraße nach rechts. Nach einem Waldabschnitt führt uns die Kiesstraße über aussichtsreiche Wiesen zur Kreisstraße. Auf ihr fahren wir nach links und nach 300 Metern rechts auf schmaler Straße ins nahe Schmidhausen. Hier auf der Querstraße nach links, am Ortsende nach rechts und nach der Glonnbrücke über einen kurzen Berg hinauf nach Jakobsberg. Die wenig befahrene Straße, von der der Blick zu den Felsgipfeln des Wilden Kaisers geht, führt uns links um das Dörfchen. An der Kreuzung im Weiler Fischbach radeln wir ge-

Die Wallfahrtskirche von Weihenlinden wurde wohl auf einem uralten Kultplatz erbaut.

Das Renaissanceschloss Maxlrain kann leider nicht besichtigt werden.

radeaus und dann durch das Golfplatzgelände zu einer Weggabelung vor Maxlrain.
Wer einen kurzen Abschnitt auf der viel befahrenen Landstraße vermeiden will, der biegt links in das Sträßchen ein, das am Schloss vorbei direkt zur Schlossbrauerei führt. Hier sollte das Fahrrad aber abschnittsweise geschoben werden. Das im Jahre 1585 fertiggestellte Renaissanceschloss mit vier Ecktürmen kann leider nicht besichtigt werden. Der mit Radwegweisern ausgeschilderte Weg folgt hier jedoch dem Hauptsträßchen geradeaus zur Landstraße, die uns links nach 600 Metern zur Schlossbrauerei Maxlrain bringt. Links führt ein kurzer Abstecher an der Schlosswirtschaft vorbei zum malerischen Renaissanceschloss Maxlrain. Wir radeln aber geradewegs an der Brauerei vorbei und biegen nach dem Bräustüberl rechts in die Weihenlindener Straße ab. An einer nahen Gabelung fah-

Guten Appetit

Gleich zwei empfehlenswerte Einkehrmöglichkeiten findet man in Maxlrain. Da ist zum einen das urige Bräustüberl mit seiner typisch bayerisch-bodenständigen Küche. Dazu gibt es das vielfach ausgezeichnete Bier der Schlossbrauerei Maxlrain, die auf eine fast 400-jährige Geschichte zurückblicken kann. Natürlich kann man dieses Bier auch auf der anderen Straßenseite in der traditionsreichen Schlosswirtschaft bekommen, in der man mit etwas feineren Gaumenfreuden verwöhnt wird (Bräustüberl, täglich geöffnet, www.maxlrainer-braeustueberl.de; Schlosswirtschaft geöffnet Mi–So, www.schlosswirtschaft-maxlrain.de).

ren wir nach links und auf dem schmalen Sträßchen in sanftem Auf und Ab durch den Wald. Nach 2,5 Kilometern erreichen wir auf den Feldern bei Weihenlinden eine Wegkreuzung. Der Rückweg wird uns rechts nach Innerthann führen. Davor gönnen wir uns aber noch einen Abstecher nach links zur eigenwilligen Wallfahrtskirche von Weihenlinden, deren Türme vor der Silhouette des Wilden Kaisers aufragen. Wer nicht schon in Maxlrain eine Pause eingelegt hat, der kann sich im Biergarten des Gasthofs Weihenlinden stärken.

Vom Tal der Glonn geht der Blick zu den Felsbergen des Wilden Kaisers.

Die ehemalige Klosterkirche von Beyharting

Zurück nach Aßling Von Weihenlinden radeln wir zurück zur letzten Kreuzung und folgen geradeaus den Wegweisern nach Innerthann und Tuntenhausen. Wir bleiben jetzt stets auf dem gut ausgeschilderten, nur anfangs geteerten Hauptweg, der uns meist sanft ansteigend zu den Wiesen des aufgelassenen Weilers Stachöd führt. Dort auf dem Querweg nach rechts und an der folgenden Kreuzung auf dem Hauptweg nach links. Bald verlassen wir den Wald und treffen bei Bichl auf eine schmale Teerstraße, der wir nach rechts folgen. Nach einer Abfahrt wird die Glonn überquert und nach der Brücke biegen wir rechts Richtung Beyharting ab. Den Radwegweisern folgend geht es durch Innerthann nach der Kapelle rechts zur Glonn und am behäbigen Fluss entlang geradewegs auf die Kirchtürme von Beyharting zu. Wer nicht zur ehemaligen Klosterkirche will, der kann kurz nach dem Ortsschild von Beyharting links in die Flurstraße

Oberbayern-Erfahrung: Bemerkenswerte Gotteshäuser

Drei bemerkenswerte Gotteshäuser liegen an unserer Rundtour. Seit einem Marienwunder im Jahre 1441 gibt es die Wallfahrt von Tuntenhausen, die sich zu einer der größten in Altbayern entwickelte. Die Wallfahrtskirche musste mehrmals erweitert werden, Anfang des 16. Jahrhunderts wurden die wuchtigen Doppeltürme erbaut und 1630 das neue Kirchenschiff geweiht. Im Inneren begeistern neben dem Hochaltar mit der Gnadenfigur der thronenden Muttergottes (1548) vor allem die zahllosen alten Votivtafeln.

Nächster Zwischenstopp ist Weihenlinden. Die frühbarocke Wallfahrtskirche entstand wohl an einem uralten Kultplatz. Am Ende des Dreißigjährigen Kriegs wurde hier neben zwei Linden einem Gelübde folgend eine erste Kapelle errichtet. Beim Bau stieß man auf eine Heilquelle, die bald zum Ziel zahlreicher Wallfahrer wurde. 1653 wurde über der Kapelle die heutige Basilika mit sehenswerter Barockausstattung errichtet. Die längsseitigen Umgänge sind mit volkstümlichen Fresken zur Wallfahrtsgeschichte ausgeschmückt.

Die im Kern gotische Kirche des im 12. Jahrhundert gegründeten Klosters von Beyharting besitzt eine herrliche barocke Innenausstattung. Um 1730 schuf Johann Baptist Zimmermann die Fresken und den Stuck. Der bezaubernde gotische, mit bedeutenden Renaissancefresken geschmückte Kreuzgang kann nur im Rahmen von Führungen besichtigt werden.

abbiegen. An ihrem Ende bringt uns die Innerthanner Straße rechts zur nahen Hauptstraße, über die man geradewegs in die Kellerstraße fährt.

Wir radeln nach dem Ortsschild jedoch geradeaus zur Hauptstraße und dann rechts durch den Torbogen zum ehemaligen Kloster Beyharting. Nach der Besichtigung geht es wieder durch den Torbogen und auf der Hauptstraße durch den Ort, bis wir nach 400 Metern rechts auf die Kellerstraße abbiegen. Auf schmalem aussichtsreichem Sträßchen radeln wir sanft aufwärts zu einer Vorfahrtsstraße, die uns links ins nahe Sindlhausen führt. Vor dem kleinen Kirchlein knickt die Straße nach links und wenige Meter weiter biegen wir rechts in eine nach Bach ausgeschilderte Nebenstraße. Über wunderschöne Wiesen geht es sanft abwärts nach Bach. Wir treffen auf eine Querstraße, der wir links sanft aufwärts Richtung Antersberg folgen. Nach 300 Metern biegen wir an einer Linkskurve rechts auf einen Wirtschaftsweg ein, der sich am Fuß des Dorfhügels von Antersberg nach Norden schlängelt. Nach kurzer Fahrt knickt der Hauptweg nach links und nach einem weiteren Linksknick treffen wir auf eine schmale Teerstraße, auf die wir geradewegs überwechseln. An der nächs-

Die eigenwilligen gotischen Zwillingstürme der Wallfahrtskirche von Tuntenhausen

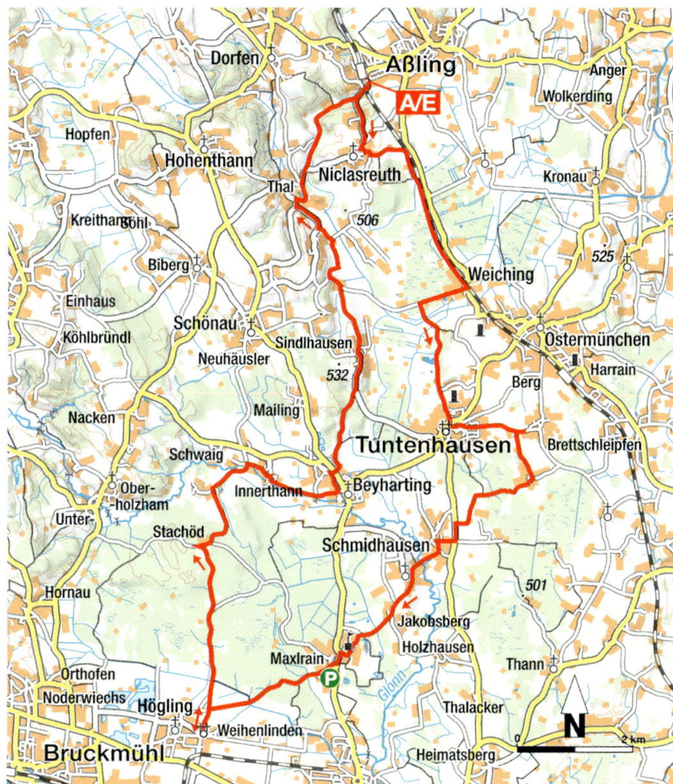

ten Kreuzung halten wir uns rechts und radeln zu einer Vorfahrtsstraße. Auf ihr fahren wir rechts ins nahe Dörfchen Thal mit seiner eigenwilligen Kirche. Nach dem ersten Gebäude biegen wir rechts auf ein Sträßchen ein, das durch das Sägewerksgelände der Untermühle läuft. Es knickt links über die Moosach und nach einem Anstieg erreichen wir am Waldrand eine Vorfahrtsstraße. Wir folgen ihr nach rechts bis zum Beginn des Anstiegs nach Niclasreuth und biegen dort links in ein schmales Sträßchen ab. Es führt uns in einer Talmulde um den Hügel, auf dem Niclasreuth liegt, und dann geradewegs zurück zum Bahnhof Aßling.

23 Zwischen Bad Aibling und Rosenheim

Flaches Land an Inn und Mangfall

leicht 52 km 80 Hm 4.15 Std.

Highlight: Stadtspaziergang

Ausgangs- und Endpunkt
Bahnhof von Bad Aibling

GPS
48.8621 N, 12.0041 O

Anfahrt
Bahn: Der Bahnhof Bad Aibling liegt an der Bahnlinie München–Salzburg.
Auto: Bad Aibling liegt nördlich der gleichnamigen Ausfahrt von der A8 an der St2089.
Parkmöglichkeit: Da es nahe des Bahnhofs Bad Aibling kaum Parkplätze gibt, beginnt man bei Anfahrt mit dem Auto die Tour besser entlang der Runde, z. B. westlich von Wiechs auf dem Wanderparkplatz vor dem kleinen Erlebniszentrum Sterntaler Filze.

Tourencharakter
Längere Abschnitte auf Kieswegen, auf der übrigen Strecke geteerte Radwege und verkehrsarme Nebenstraßen. Stärkerer Verkehr nur im Stadtgebiet von Rosenheim. Die Tour ist nahezu steigungsfrei.

Radkarte
ADFC-Regionalkarte 1:75000, Blatt München/Alpenvorland

Bademöglichkeiten
Am Happinger See südlich von Rosenheim

Information
Touristinfo Bad Aibling, Tel. 08061/90800, www.bad-aibling.de
Touristinfo Rosenheim, Tel. 08031/3659061, www.touristinfo-rosenheim.de

Diese Runde führt auf stillen Wegen durch die Ebenen am Inn und an der Mangfall. In Rosenheim kann man einen Abstecher in die gemütliche Altstadt unternehmen. Auf der restlichen Strecke begeistern die herrlichen Blicke auf Moor, Flüsse und die Felszinnen des Kaisergebirges.

Ins Land der Moore Vom Bahnhof Bad Aibling radeln wir links auf schmalem Radweg an den Gleisen entlang nach Westen bis zu einer Straße. Auf ihr links über die Gleise und dann rechts in eine Nebenstraße. Nach 50 Metern biegen wir links auf einen Radweg ein, der bis Au der aufgelassenen Bahnlinie nach Bad Feilnbach folgt. Immer geradeaus und bald über die Mangfall gelangen wir zu einer Wegkreuzung, an der sich spä-

Kurz vor Rosenheim verführt der Happinger See zu einem Badestopp.

ter am Tag der Kreis der Runde wieder schließen wird. Der Radweg führt uns geradewegs über Willing nach Dettendorf. Hier fahren wir erneut geradewegs über die Hauptstraße und danach unter der A8 hindurch auf einen Wirtschaftsweg. Weiterhin geradeaus, bis wir auf eine Querstraße treffen. Auf der schmalen Straße geht es nach links, an der nächsten Kreuzung nach rechts und geradewegs bis zur Hauptstraße im nahen Au bei Bad Aibling.

Wir fahren geradewegs über die Hauptstraße in den Weitmoosweg und an der folgenden Gabelung links haltend aus

Schmale Straßen und nahezu steigungsfrei – das ideale Radelrevier

Rechte Seite: Zentrum von Rosenheim ist der malerische Max-Josefs-Platz.

dem Ort zu einer Kreuzung. Wir biegen nach rechts ab und erreichen nach einem Bach eine Querstraße. Auf ihr geht es links bis zur Kreuzung vor dem Campingplatz. Hier radeln wir nach links und auf einem Kiessträßchen bis zur Landstraße. Auf ihr rechts über den Jenbach und nach der Brücke links auf eine Nebenstraße. Nach wenigen Metern biegen wir rechts auf einen Wirtschaftsweg und an der folgenden Gabelung wieder nach rechts auf einen aussichtsreichen Feldweg ein. Nach knapp einem Kilometer erreichen wir eine Kreuzung, an der wir links auf ein Teersträßchen abbiegen. Wir radeln geradeaus, bis wir auf eine geteerte Straße treffen. Auf ihr geht es nach rechts und vorbei am Gasthof Moosmühle zu einer Querstraße.

Auf ihr fahren wir links bis zu einer Kreuzung im Dörfchen Wiechs, an der wir den Radwegweisern nach links folgen. Ein Sträßchen bringt uns zu einer Querstraße, der wir nach links folgen. An einer ersten Gabelung vor einem Wanderparkplatz halten wir uns links und an der folgenden rechts. Ein Kiesweg führt uns jetzt geradewegs zum kleinen Erlebniszentrum, von dem aus man die Sterntaler Filze erkunden kann. Auf einem Moorerlebnispfad mit einem 650 Meter langen Bohlenweg lässt sich die eigenwillige Landschaft hautnah erleben.

Guten Appetit

Der Großteil der Radrunde liegt in Rosenheim hinter uns und die müden Beine haben sich eine Rast wahrlich verdient. So trifft es sich hervorragend, dass man rund um den zentral in der Altstadt gelegenen Max-Josefs-Platz gleich drei empfehlenswerte und traditionsreiche Wirtschaften zur Auswahl hat. Alle drei haben auf dem malerischen Platz, der als Fußgängerzone ausgewiesen ist, ihre Außenbereiche. Zur Wahl stehen das Restaurant Zum Santa (So. Ruhetag, www.zum-santa.de), das Gasthaus zum Stockhammer (täglich geöffnet, www.gasthaus-stockhammer.de) und der Augustiner Rosenheim (täglich geöffnet, www.augustiner-rosenheim.de).

Am Inn entlang nach Rosenheim Der Weg knickt nach rechts und führt uns zu einer Weggabelung, an der wir links auf ein Teersträßchen wechseln. Bald erreichen wir links haltend Kleinholzhausen. Dort auf der Querstraße nach links und an der Kreuzung vor Großholzhausen wieder nach links. Bei Spöck radeln wir auf der Vorfahrtsstraße nach rechts und biegen nach 300 Metern links auf eine schmale Teerstraße ab. Bald geht es über die Autobahn und dann in das zweite rechts abzweigende Sträßchen, das auf die Kirche von Kirchdorf zuläuft. Geradewegs über eine Vorfahrtsstraße und danach unter der Bahnlinie und Bundesstraße hindurch zur Kirche von Kirchdorf.

BERGMEISTER

Hinter der Kirche fahren wir links bis zu einer Ampelkreuzung. Wir biegen rechts in die Neubeurer Straße ein, die bald von einem Radweg begleitet wird. Am Ortsrand wechseln wir auf die linke Straßenseite und folgen dann dem Kiesweg nach links, der auf der linken Seite des Litzeldorfer Bachs nach Norden führt. Bald trifft von rechts der Innradweg auf unseren Dammweg, dessen Schilder uns nun bis Rosenheim leiten. Ohne Orientierungsprobleme folgen wir ihm bis Rosenheim. Auf halbem Weg kann man links einen Abstecher zum Happinger See unternehmen. Schließlich erreichen wir nach einem Themenpark zum Inn in Rosenheim die Innbrücke.

Oberbayern-Erfahrung: Rosenheim

Die Anfänge Rosenheims reichen bis in römische Zeit zurück, als hier die Militärstation »Pons Aeni« eine Innbrücke bewachte. Rund um die mittelalterliche Burg Rosenheim erblühte an der Mündung der Mangfall in den Inn der Ort, der durch Salzhandel und Innschifffahrt zu Wohlstand kam. 1810 erhielt Rosenheim nach der Fertigstellung der Soleleitung von Berchtesgaden und Bad Reichenhall eine Saline und 1864 wurde es zur Stadt erhoben. Zentrum der Altstadt ist der gemütliche, von Bürgerhäusern im Inn-Salzach-Stil eingefasste Max-Josefs-Platz. Östlich des Platzes führt das Mittertor, das einzig erhaltene mittelalterliche Tor, zum Ludwigsplatz. Im Torgebäude ist das sehenswerte Städtische Museum untergebracht. Die 23 Themenräume führen von den 50er-Jahren des letzten Jahrhunderts zurück bis in römische Zeit. Wenige Meter südlich ragt der Turm der im Kern gotischen Stadtpfarrkirche St. Nikolaus 65 Meter in die Höhe. Auf dem Weg zurück zur Mangfall passiert man an der Rathausstraße das weithin bekannte Ausstellungszentrum Lokschuppen Rosenheim. Die großen Ausstellungen zu unterschiedlichsten Themengebieten in der umgebauten Lokomotivenremise ziehen alljährlich Hunderttausende von Besuchern an.

Die breite Innstraße leitet uns links geradewegs zum Ludwigsplatz. Wir schieben links, vorbei am Stadtmuseum, die Räder in die Fußgängerzone. Auf dem malerischen Max-Josefs-Platz, der guten Stube in der Altstadt von Rosenheim, lässt sich herrlich rasten.

Am Mangfallufer nach Bad Aibling Über den Max-Josefs-Platz erreichen wir geradewegs die Rathausstraße, die uns links am Museum im Lokschuppen vorbei zur Mangfall führt. Wir biegen vor der Brücke rechts in den Mangfall-Radweg ein. Bald werden sowohl die Bahnlinie als auch die B15 unterquert und kurz darauf fahren wir links über den Mangfallgraben. Nun geht es am Fluss entlang, geradewegs über eine erste Querstraße und auf der zweiten rechts über den Mangfallkanal. Nach der Brücke biegen wir nach links ab und radeln am Mangfallkanal entlang nach Westen. Nun geht es immer geradeaus, bis wir in Kolbermoor am Ende der Friedrich-Ebert-Straße links über den Mangfallkanal und kurz darauf über die Mangfall radeln. Unmittelbar nach der Brücke biegen wir rechts in die Obere Mangfallstraße ab und wechseln nach einem Kilometer rechts auf den gekiesten Dammweg. Wir folgen jetzt der Mangfall durch das landschaftlich reizvolle Auengebiet, bis wir nach gut fünf Kilometern die Radlerbrücke am Rand von Bad Aibling erreichen, die wir am Beginn der Tour überquert haben. Rechts geht es über das Brückchen und auf bekanntem Radweg zurück zum Bahnhof Bad Aibling. Die Stadt ist dank der nahen Moore das älteste Moorheilbad Bayerns. Im Jahr 2007 wurde die weitläufige Therme Bad Aibling eröffnet, die vom Thermalwasser aus einer Tiefe von 2300 Metern gespeist wird.

Längere Abschnitte führen am grünen Inn entlang.

Auf dem Mangfall-Damm geht es zurück nach Bad Aibling.

24

Das Inntal bei Wasserburg

Innschönheit und kunstsinnige Klosterkirchen

schwer | 39 km | 280 Hm | 3.30 Std.

Highlight: Sehenswürdigkeit

Ausgangs- und Endpunkt
Bahnhof Wasserburg im westlich der Stadt gelegenen Ortsteil Reitmehring

GPS
48.0616 N, 12.1857 O

Anfahrt
Bahn: In Wasserburg trifft die Bahnlinie Grafing–Wasserburg auf die Bahnlinie Rosenheim–Mühldorf.
Auto: Bei Wasserburg kreuzen sich die Nord-Süd-verlaufende B 15 und die West-Ost-verlaufende B 304.
Parkmöglichkeit: Am Kloster Attel

Tourencharakter
Ein Großteil der Tour verläuft auf geteerten Nebenstraßen, kurze Abschnitte auch auf unbefestigten Rad- und Wirtschaftswegen. Es geht im Auf und Ab über die Randhöhen des Inntals. Die Anstiege zu den Klosterkirchen von Rott und Attel sind recht steil. Nur in Wasserburg und Rott etwas stärkerer Verkehr.

Radkarte
ADFC-Regionalkarte 1:75 000, Blatt München/Alpenvorland

Bademöglichkeiten
500 Meter nordwestlich des Bahnhofs Wasserburg an der Badestelle Seewies am Staudhamer See

Information
Touristinfo Wasserburg, Tel. 08071/10522, www.wasserburg.de

In einer Innschleife liegt die wundervolle mittelalterliche Altstadt von Wasserburg. Von der alten Handelsmetropole aus folgen wir dem Inn nach Süden. Hier grüßen von den Randhöhen die Klosterkirchen von Rott und Attel, die mit prächtiger Rokokokunst bestechen.

Nach Süden zum Kloster Rott Vom Bahnhof Wasserburg im Ortsteil Reitmehring radeln wir geradewegs die Bahnhofstraße aufwärts. Nach 800 Metern geht es rechts auf einen Radweg, an der B304 entlang über die B15 und nach 200 Metern unter der B304 hindurch. An der Radwegkreuzung fahren wir nach links, geradewegs über einen ersten Kreisverkehr und nach 500 Metern am zweiten Kreisverkehr links in eine Nebenstraße. Nach wenigen Metern biegen wir den Radwegweisern folgend rechts in die Köbingerbergstraße und fahren bald steil abwärts zur Hauptstraße. Auf ihr geht es nach links und an der folgenden Gabelung rechts abwärts in die Altstadt von Wasserburg. Dort biegen wir rechts in die Bruckgasse ab und radeln zum Ostufer des Inns.

Wir folgen der Vorfahrtsstraße und biegen nach 300 Metern rechts in den Klosterweg ein. Nach wenigen Metern geht es links in die schmale Surauerstraße und geradeaus durch das Wohngebiet, bis wir auf die Watzmannstraße stoßen. Auf ihr nach links und geradeaus über zwei Kreisverkehre bis zum Rand des Gewerbegebiets. Am Ende des Radwegs fahren wir rechts in die Straße Am Burgfrieden. Nach einem Kilometer biegen wir links in das schmale Teersträßchen ab, das uns zum Weiler Spielberg hinaufführt. An der Weggablung geht es links nach Kerschdorf, dort an der ersten Gabelung nach links und nach 100 Metern auf der Vorfahrtsstraße nach rechts. Nach 200 Metern biegen wir links in die Freihamer Straße ein. An der nächsten Kreuzung knickt sie nach rechts und führt uns geradewegs über den Weiler Laiming abwärts zur Landstraße. Hier links auf dem Radweg an der Straße entlang, die nach 150 Metern überquert wird. Jenseits auf dem Radweg links bis zu einer Nebenstraße, auf die wir rechts in das nahe Altenhohenau radeln. In der Klosterkirche sind wertvolle barocke Altäre und ein frühgotisches Kruzifix zu bestaunen.

Noch vor der Klosterkirche biegen wir links in eine schmale Straße ab, die uns zurück zum Radweg an der Landstraße führt. Auf ihm nach rechts und bald rechts zum Inn. Rechts über den Inn und nach der Brücke links auf den Dammweg. Nach zwei Kilometern radeln wir links über den Rabenbach

Linke Seite: Die Klosterkirche in Rott begeistert mit prachtvoller Rokokokunst.

Guten Appetit

Nahe der Klosterkirche von Rott liegt der Landgasthof Stechl. Wer bayerische Gemütlichkeit, einen schönen Biergarten und deftige bayerische Küche mag, der ist hier richtig. Die eigene Metzgerei bürgt für Qualität und frisch gestärkt ist die herrliche Rokokokirche gleich noch schöner (Di Ruhetag, www.landgasthofstechl.de).

Als Alternative kann man schräg gegenüber am Marktplatz von Rott im urigen Bräustüberl einkehren. Im wundervoll schattigen Biergarten mit Blick zur Klosterkirche schmeckt eine Brotzeit ganz besonders gut (Do Ruhetag, Tel 08039/13 60).

Hinter der Klosterkirche von Attel spannt sich der Alpenbogen.

und nach dem Brückchen auf dem Dammweg nach links. Nach weiteren zwei Kilometern erreichen wir schließlich eine Straßenbrücke. Hier fahren wir auf die Straße nach rechts und in Lengdorf über die B15 geradeaus in die Auseestraße. An der nächsten Kreuzung scharf links zu einer Vorfahrtsstraße. Auf ihr rechts aufwärts nach Rott und auf der Hauptstraße rechts steil aufwärts zur Klosterkirche.

Westlich des Inns nach Wasserburg

Von der Klosterkirche folgen wir noch kurz der Hauptstraße nach rechts, biegen nach dem Marktplatz links in die Münchner Straße ein und wechseln dann geradewegs auf die Haager Straße. Im Ortsteil Meiling biegen wir rechts auf eine Nebenstraße ab, die uns über Unterlohen nach Katzbach bringt. Hier auf der Vorfahrtsstraße nach rechts und 200 Meter nach der Bahnunterführung links auf eine schmale Nebenstraße. An der Kreuzung nach

Oberbayern-Erfahrung: Wasserburg, Rott und Kloster Attel

Die in einer Innschleife gelegene Stadt Wasserburg begeistert mit ihrer gut erhaltenen mittelalterlichen Altstadt. Die engen Gassen und malerischen Plätze werden von Bürgerhäusern mit den typischen Fassadenfronten im Inn-Salzach-Stil eingefasst. Das Stadtzentrum wird überragt vom 1457 erbauten Rathaus, von der gotischen Frauenkirche und von der 1410 erbauten gotischen Stadtpfarrkirche. Über die Altstadt wacht das herzogliche Renaissanceschloss. In einem spätgotischen Bürgerhaus in der Herrengasse ist das interessante Museum Wasserburg untergebracht.

Von Wasserburg führt die Tour zu mehreren interessanten Klosterkirchen. Die ehemalige Klosterkirche des um 1080 gegründeten Benediktinerklosters in Rott wurde Mitte des 18. Jahrhunderts vom berühmten Architekten Johann Michael Fischer neu erbaut. Im reich geschmückten Innenraum begeistern besonders der Hochaltar von Ignaz Günther und das riesige Deckenfresko in der Hauptkuppel von Matthäus Günther.

Die Kirche des im 11. Jahrhundert gegründeten Klosters Attel wurde 1715 neu erbaut. Im Inneren bestechen die feinen Stuckaturen, die eindrucksvollen Barock- und Rokokoaltäre und das spätromanische Kruzifix im Kreuzaltar. In der Vorhalle ist ein römischer Weihealtar von 204 n. Chr. zu bestaunen.

Lebendiges Mittelalter – die herrliche Altstadt von Wasserburg

einem Hof fahren wir links und hinter dem nahen Katzenbach nach rechts. Nach 200 Metern biegen wir an einer Gabelung links ab und radeln über die Felder zu einer Querstraße, auf die wir vor Attelfeld stoßen. Auf ihr links und geradewegs zu einer zweispurigen Straße, der wir nach links folgen. Nach 600 Metern gelangen wir rechts auf einer Nebenstraße über die Attel zu einer Querstraße. Wir radeln nach rechts und wechseln nach wenigen Metern rechts haltend auf den Dammweg, der auf Kloster Attel zuläuft. Unterhalb des Klosterhügels treffen wir auf eine Straße, die rechts unter der B15 hindurch zum Inn führt. Nach 1,5 Kilometern biegen wir links in ein Sträßchen ein, über das wir uns zum Kloster Attel hinaufmühen.

An der Kreuzung nahe der Kirche halten wir uns rechts und biegen nach 400 Metern nach den letzten Gebäuden rechts in eine schmale Nebenstraße ein, die uns zum Weiler Kornberg bringt. Wir biegen an der Kreuzung nach rechts ab und radeln auf schmaler Straße über Au und Reisach geradewegs nach Gern. Hier beginnt ein Kiesweg, der uns durch eine Talmulde zum Wasserburger Ortsteil Gabersee bringt. Nach einem kurzen Anstieg erreichen wir eine Teerstraße. Nun geradeaus, bis wir vor der nahen B304 auf einen Radweg treffen. Links haltend geht es unter der B304 hindurch und dann entlang der Bundesstraße über die B15. Wir fahren dann auf der vom Morgen bekannten Strecke zur Bahnhofstraße, auf der man zum Bahnhof Wasserburg radeln kann. Folgt man dem Radweg rechts zu einem Kreisverkehr, kann man auf der oben beschriebenen Strecke zur Altstadt von Wasserburg fahren.

Im Chiemgau

Der Badeplatz von Breitbrunn am Ufer des Chiemsees (Tour 25) (o. li.). Kunst vor dem Kloster Seeon (Tour 26) (o. re.). Farbenfrohe Fassaden am historischen Stadtplatz von Tittmoning (Tour 29) (u. re.). Der breite Inn zwischen Marktl und Neuötting (Tour 30) (u. li.).

25

Zwischen Bad Endorf und Eggstätt

Seenparadies im Chiemgau

mittel | 35 km | 290 Hm | 3.15 Std.

Highlight: Naturparadies

Ausgangs- und Endpunkt
Bahnhof von Bad Endorf

GPS
47.9049 N, 12.3023 O

Anfahrt
Bahn: Bad Endorf liegt an der Bahnlinie von München über Rosenheim nach Salzburg.
Auto: Bad Endorf ist von der A8 über die Anschlussstelle Rosenheim auf der B15 und der St2095 oder von der Anschlussstelle Bernau über die St2092 zu erreichen.
Parkmöglichkeit: Um den Bahnhof Bad Endorf und am Eggstätter See (gebührenpflichtig)

Tourencharakter
Die Tour führt in großteils sanftem Auf und Ab durch das Hügelland nördlich des Chiemsees. Längere Abschnitte verlaufen auf unbefestigten Rad- und Wirtschaftswegen, die restliche Strecke auf schmalen, verkehrsarmen Nebenstraßen.

Radkarte
ADFC-Regionalkarte 1:75000, Blatt Chiemgau

Bademöglichkeiten
Mehrere Badestrände am Chiemsee und eine schöne Bademöglichkeit am Hartsee bei Eggstätt

Information
Touristinfo Bad Endorf, Tel. 08053/300850, www.bad-endorf.de
Chiemsee-Alpenland Tourismus, Tel 08051/965550, www.chiemsee-alpenland.de

Diese Tour führt uns durch die herrliche Landschaft im Norden des Bayerischen Meers. Auf dem Programm stehen das Chiemseeufer mit seinen zahlreichen Badestellen und den herrlichen Blicken zu den Alpen sowie die malerische Eggstätt-Hemhofer-Seenplatte, die jeden Naturliebhaber begeistert.

Durch die Hügel zum Chiemsee Vor dem Bahnhof von Bad Endorf folgen wir der Hauptstraße wenige Meter nach links und schieben dann die Räder links durch die Unterführung auf die andere Seite der Gleise. An der Bahnlinie entlang fahren wir nach links zur Geigelsteinstraße und auf ihr wenige Meter zu einer Kreuzung. Wir biegen rechts in die Ströbinger Straße ab und folgen ihr nach 200 Metern links zur Chiemgautherme. Nach der Therme knickt unser Weg nach rechts und führt uns aus dem Ort. Über aussichtsreiche Wiesen und eine steile Abfahrt ist das Dörfchen Antwort schnell erreicht. An der Kreuzung neben der

Mit Bergblick radeln wir auf schmalen Wegen am Chiemsee entlang.

sehenswerten Kirche halten wir uns links. Der anstrengendste Anstieg der Tour führt uns nun hinauf nach Mauerkirchen, dort geradewegs über die Landstraße und an der Kirche vorbei zum Ortsrand. Wir überqueren die Bahnlinie, hinter der wir auf einen Kiesweg einbiegen. Auf dem Hauptweg folgen wir den Radwegweisern aufwärts durch den Wald und wechseln dann geradewegs auf eine Forststraße, die sanft abwärts zu einer schmalen Teerstraße läuft. Auf ihr radeln wir rechts Richtung Rimsting und in sanftem Auf und Ab zur Landstraße, die am Nordufer des Chiemsees entlangführt. Man könnte ihr hier nach links folgen. Schöner ist es jedoch, sie zu überqueren und auf einem teils recht schmalen Kiesweg an der Bahnlinie entlang hinab nach Schafwaschen zu radeln. Hier treffen wir auf den Chiemseerundweg, dem wir bis Gstadt folgen.

Vom Chiemseeufer zum Hartsee Wir biegen links auf die Uferstraße ein, fahren auf dem angenehmen Radweg zur Landstraße und an ihr entlang auf dem Radweg rechts hinauf ins aussichtsreich gelegene Hochstätt. Nach dem Weiler biegen wir rechts auf ein Sträßchen und vor einem Parkplatz scharf nach links ein. Die Radwegweiser leiten uns nun zum Chiemsee und dann immer so nahe wie möglich am Ufer entlang nach Osten. Im Zickzack wird auf schmalen Straßen die Halbinsel von Urfahrn abgeschnitten, wenig später passieren wir den Fähranleger von Breitbrunn und erreichen schließlich nach einem Vogelbeobachtungsturm das Dörfchen Gstadt. Geradewegs geht es nach kurzer Fahrt zur Anlegestelle, an der die Schiffe zur Fraueninsel starten.

Linke Seite: In der sehenswerten Barockkirche von Antwort

Von Gstadt geht der Blick über Chiemsee und Fraueninsel zu den Bergen.

Wir radeln jedoch am Ortsanfang links kurz aufwärts zu einer Kreuzung im Ort, an der wir den Chiemseerundweg verlassen. Wir folgen der Hauptstraße links aufwärts. Sie knickt nach dem Anstieg nach rechts und wenige Meter danach am Ortsrand nach links. Hier wechseln wir geradewegs auf die Loiber-

Oberbayern-Erfahrung: Seenlandschaft im Chiemgau

Die herrliche Landschaft rund um den Chiemsee haben wir den Gletschern der letzten Eiszeit zu verdanken. Als sie vor 12000 Jahren am Ende der Würmeiszeit abschmolzen, hinterließen sie tief ausgeschürfte, von Moränenwällen eingefasste Zungenbecken. In einem solchen Becken liegt der größte bayerische See, der Chiemsee. Nordwestlich des Chiemsees führt unsere Tour durch die Eiszerfallslandschaft der Eggstätt-Hemhofer-Seenplatte. Das bezaubernde Landschaftspuzzle aus Moränenhügeln, Seen und Mooren entstand ebenfalls am Ende der Eiszeit, als größere Teile des Eises vom Gletscher abgetrennt wurden. Dieses Toteis wurde von Schotter überdeckt, schmolz im Untergrund nur langsam ab und hinterließ schließlich die sogenannten Toteislöcher, in denen heute die Seen und Moore liegen. Das enge Nebeneinander verschiedener Lebensräume macht diese Landschaft besonders wertvoll. Wegen der biologischen Vielfalt wurde die Eggstätt-Hemhofer-Seenplatte schon 1939 als Naturschutzgebiet ausgewiesen. Hier kann man eine Vielzahl vom Aussterben bedrohter Pflanzen- und Tierarten entdecken. Viele der hier heimischen Schmetterlings- und Libellenarten gehören ebenso zu den bedrohten Naturjuwelen wie Laubfrosch oder Blaukelchen. Aber Vorsicht, bleiben Sie auf den Wegen. Denn auch die Kreuzotter hat hier ein Rückzugsgebiet.

tinger Straße. Wir radeln über die aussichtsreichen Wiesen und ignorieren den Abzweig hinauf nach Loiberting. An der nächsten Kreuzung geht es geradewegs über eine Vorfahrtsstraße und nun auf einer schmalen Straße durch den Wald zu einer Kreuzung vor einem Bauernhof. Wir biegen nach rechts ab und radeln geradewegs über den Hügel, auf dem der Weiler Mooshappen liegt. Vorbei an Preinersdorf geht es zur Landstraße, die wir überqueren. Hier treffen wir auf den Radfernweg Via Julia, der der alten Römerstraße von Salzburg nach Augsburg folgt. Auf dem Radweg fahren wir kurz nach links, biegen dann rechts in ein Nebensträßchen und nach 100 Metern links auf einen Feldweg ein. Wir erreichen eine Weggabelung, an der die Via Julia dem linken Ast folgt. Wer nicht zum Hartsee will,

Guten Appetit

Wer nicht so genau hinschaut, der könnte das Hartsee-Stüberl in Eggstätt auf den ersten Blick für einen Imbiss oder einen besseren Kiosk halten – doch weit gefehlt. Ob feines Fischgericht, Brotzeit oder Steckerlfisch, die Speisekarte lässt keine Wünsche offen. Und natürlich sucht die herrliche Lage nahe der Badestelle am malerischen Hartsee ihresgleichen. Ob nur als Tourenunterbrechung oder nach einem erfrischenden Bad, eine Einkehr im Hartsee-Stüberl lohnt allemal (Di und Mi Ruhetag, Tel. 08056/1097, www.hartseestueberl.de).

Der Hartsee bei Eggstätt lockt mit herrlichen Badestellen.

Schon nach kurzer Fahrt öffnet sich der Blick zu den Chiemgauer Bergen.

der kann hier geradeaus der Via Julia folgen und trifft südlich des Hartsees wieder auf die beschriebene Strecke. Wir halten uns hier jedoch rechts und stoßen am Ortsrand von Eggstätt auf eine Straße, der wir rechts zu einer Vorfahrtsstraße folgen. Auf ihr rechts durch Eggstätt bis zum nördlichen Ortsrand und vor den letzten Häusern links in die Lehrer-Hager-Straße. Geradewegs über einen Parkplatz geht es zur nahen Badestelle am wundervollen Hartsee.

Durchs Naturschutzgebiet nach Bad Endorf Vor dem See folgen wir dem teils schmalen Kiesweg nach links, der am Hochufer nach Süden läuft. Nach einigen Treppenstufen halten wir uns auf einem breiteren Weg rechts und treffen nach wenigen Metern auf den Weg, auf dem die Via Julia verläuft. Auf den nächsten Kilometern gibt sie uns den Weg vor. Wir folgen der guten Beschilderung nach rechts und halten uns an einer nahen Gabelung links. Wir radeln südlich am Einbessee vorbei und dann rechts haltend über ein Hügelchen. Die Via Julia führt uns geradewegs zwischen Schloßsee und Kautsee hindurch. Nach einem Brückchen biegt der Weg nach links und an der folgenden Gabelung halten wir uns rechts. Auf einem steinigen Weg mühen wir uns nun aufwärts zu den Wiesen von Stephanskirchen.
Wir treffen auf die Kreisstraße, fahren wenige Meter nach rechts und dann links in eine Nebenstraße. Am Beginn des Anstiegs nach Rankham biegen wir rechts auf einen Wirtschaftsweg ab, der uns bald geradewegs in den Wald führt. An einer Wegkreuzung halten wir uns links und erreichen schließlich eine wenig

befahrene Straße. Auf ihr geht es kurz nach rechts und dann links in die nach Edenstraß ausgeschilderte Kiesstraße. Bald bringt uns ein letzter kurzer Anstieg durch den Wald hinauf zu den aussichtsreichen Wiesen von Edenstraß. Geradewegs erreichen wir eine breite Straße, auf der wir die Räder links zur Landstraße hinabrollen lassen. Hier nach rechts und nach kurzer Strecke vorsichtig links über die viel befahrene Straße zum Radweg entlang der Bahnlinie, dem wir nach links folgen. Anfangs links, dann rechts der Gleise bringt er uns zum Ortsrand von Bad Endorf. Am Ende des Radwegs überqueren wir an einer Ampel die Hauptstraße und radeln auf der Kreuzstraße rechts bis zur vorfahrtsberechtigten Traunsteiner Straße. Auf ihr fahren wir kurz nach links und dann rechts in die Langbürgnerseestraße. An ihrem Ende fahren wir rechts auf der Poststraße zurück zum Bahnhof von Bad Endorf.

In einer Talmulde liegt das Dörfchen Antwort.

26 Von Altenmarkt zum Chiemsee

Natur und Kultur rund um das Alztal

mittel | 32 km | 220 Hm | 3.00 Std.

Highlight: Sehenswürdigkeit

Ausgangs- und Endpunkt
Bahnhof in Altenmarkt

GPS
48.0000 N, 12.5359 O

Anfahrt
Bahn: Altenmarkt liegt an der Bahnnebenstrecke, die Mühldorf mit Traunstein verbindet.
Auto: Altenmarkt liegt nördlich des Chiemsees an der Kreuzung von B304 und B299 und ist von der A8 über die Ausfahrt Traunstein/Siegsdorf zu erreichen.
Parkmöglichkeit: Parkplatz an der Zufahrt von Altenmarkt zum Kloster Baumburg

Tourencharakter
Mehrere kürzere Abschnitte verlaufen auf unbefestigten Wegen, die restliche Strecke auf geteerten Straßen. Nach einem steilen Anstieg am Beginn der Tour zum Kloster Baumburg geht es in weniger anstrengendem Auf und Ab durch das Hügelland an der Alz. Die Alzfähre am Gasthof Roiter verkehrt normalerweise von Mittwoch bis Sonntag (siehe Information).

Radkarte
ADFC-Regionalkarte 1:75000, Blatt Chiemgau

Bademöglichkeiten
Am Chiemsee in Seebruck und am Seeoner See

Information
Touristinfo Seeon-Seebruck, Tel. 08667/7139, www.seeon-seebruck.de
Fährbetrieb Alzfähre, Tel. 08621/7387, www.roiter.de

Diese abwechslungsreiche Runde führt uns an der Alz entlang zum Chiemsee. In dieser alten Kulturlandschaft stoßen wir auf die Spuren von Kelten und Römern. Und mittelalterliche Klöster locken nicht nur mit ihren Kunstschätzen, sondern auch mit gemütlichen Einkehrmöglichkeiten.

Von Altenmarkt zum Chiemsee Vom Bahnhof Altenmarkt radeln wir geradewegs zur nahen B304, die schräg nach rechts überquert wird. Auf der Baumburger Straße mühen wir uns über einen steilen Berg hinauf zum Kloster Baumburg. Wir radeln geradewegs an der Klostermauer entlang und dann am

oberen Rand des Talhangs entlang. Der Teerbelag endet und auf einem Wirtschaftsweg radeln wir geradewegs zur Landstraße. Auf ihr geht es rechts ins nahe Offling und kurz vor dem Ortsende rechts abwärts ins Tal der Alz. An der Kreuzung in Niesgau halten wir uns links und fahren auf dem schmalen Sträßchen an der Alz entlang. Nach zwei Kilometern erreichen wir wieder die Landstraße, folgen ihr 150 Meter nach rechts und biegen danach links in eine schmale Nebenstraße ein. Auf der Kiesstraße geht es zu einer Vorfahrtsstraße, die geradewegs überquert wird. An der Kreuzung in Ebering halten wir uns rechts und erreichen auf einem zum Schluss unbefestigten Weg die zweispurige Kreisstraße. Rechts abwärts sind wir schnell an der Landstraße, die links haltend überquert wird. Jetzt radeln wir auf schmaler Straße sanft aufwärts nach Stöffling. Vor den Hofgebäuden biegen wir nach rechts ab, radeln auf dem Teersträßchen durch den Weiler und dann auf einem Kiesweg nach Seebruck. Am Ortsrand treffen wir auf eine Querstraße, auf der wir rechts zur Hauptstraße fahren. Auf ihr kurz nach rechts und nach der Brücke über die Alz links in die Römerstraße.

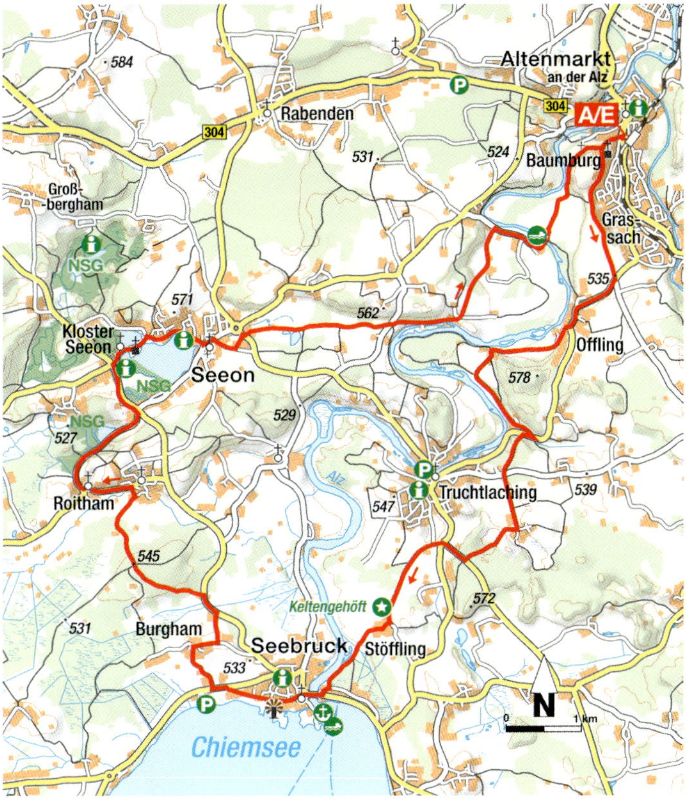

Zum Inselkloster Seeon Wir radeln, vorbei am Römermuseum Bedaium, auf der wenig befahrenen Straße geradewegs durch Seebruck. Am Ortsrand geht sie in einen Radweg über und führt dann an der Landstraße entlang zu einer Wegkreuzung. Hier geht es rechts über die Straße und sanft aufwärts nach Burgham. An der Kreuzung im Weiler knickt unser Sträßchen nach rechts und wenig später biegen wir links in einen Feldweg ein, der uns zur Landstraße führt. Auf ihr geht es nach links und nach 300 Metern erneut links in das nach Grafenanger ausgeschilderte Kiessträßchen. Nach 900 Metern fahren wir an einer Weggabelung im Wald rechts Richtung Seeon und anschließend geradewegs auf dem Hauptweg nach Roitham.

Linke Seite: Auf einer Insel im Seeoner See liegt Kloster Seeon.

Der Innenraum der Klosterkirche Baumburg wurde im Barockstil umgestaltet.

Von der alten Kunstmühle mühen wir uns einen kurzen, steilen Berg hoch zur Mühlenkapelle. Hier fahren wir auf der Querstraße nach links und bald auf einem Radweg in das nahe Pavolding. Wir radeln auf der Hauptstraße durch den Ort und folgen an einer Linkskurve den Radwegweisern rechts in ein schmales Sträßchen. An einer nahen Gabelung geht es nach rechts und durch das Naturschutzgebiet Bansee geradewegs zur Landstraße, die wir südlich von Seeon erreichen. Jenseits beginnt ein Radweg, der uns links zum Parkplatz am Kloster Seeon bringt. Wir biegen rechts in den Klosterweg ein und radeln am Friedhofskirchlein vorbei zum Kloster mit der markanten Kirche.

Oberbayern-Erfahrung: Mehr als 2000 Jahre Geschichte

Rund um das Alztal bewegen wir uns auf altem Kulturboden und so treffen wir auf Geschichtszeugen aus ganz unterschiedlichen Epochen. Nach kurzer Fahrt erreichen wir Kloster Baumburg**.** Die mächtige Klosterkirche des Anfang des 11. Jahrhunderts gegründeten Augustinerchorherrenstifts wurde 1750 unter Einbeziehung der romanischen Türme neu erbaut und besticht durch ihre hochwertige Rokokoausstattung.

Auf einem Hügel über dem Chiemsee liegt der kleine Weiler Stöffling, ein wichtiger keltischer Fundplatz. Ein rekonstruierter keltischer Gutshof versetzt die Besucher in die Zeit vor über 2000 Jahren zurück. In römischer Zeit führte die Via Julia, die Augsburg mit Salzburg verband, beim heutigen Seebruck über die Alz. An diesem wichtigen Übergang entstand die römische Siedlung und das Kastell Bedaium. Heute werden im Römermuseum Bedaium Funde von der Steinzeit bis in bajuwarische Zeit gezeigt mit dem Schwerpunkt auf der römischen Epoche.

Das im Jahre 994 auf einer Insel im Klostersee gegründete Kloster Seeon war einst Zentrum der Buchmalerei. Die wuchtigen Türme der Klosterkirche St. Lambert sind romanisch. Im 15. Jahrhundert wurde das Kirchenschiff mit wundervollem Netzgewölbe gotisch umgestaltet, die feine Ausmalung entstand im 16. und 17. Jahrhundert.

Zur Alzfähre und nach Altenmarkt Die Radwegweiser leiten uns vom Kloster Seeon links um die Klosterkirche zu einem Steg, der uns über den See führt. Jenseits geht es kurz bergauf und hinter einer kleinen Kirche auf dem Teersträßchen nach rechts. Wir halten uns stets rechts und radeln auf der Weinbergstraße ins Zentrum von Seeon. Kurz nach dem Rathaus treffen wir auf eine Vorfahrtsstraße, der wir nach links folgen. Nach 150 Metern biegen wir rechts in die Truchtlachinger Straße ab. An der Kreuzung vor dem Schulzentrum fahren wir nicht den Radfernwegen folgend nach rechts, sondern links zur Kreisstraße, die geradewegs überquert wird. Auf einem Kiesweg, von dem man einen herrlich weiten Bergblick bis hin zum Watzmann hat, radeln wir geradewegs zu einer Straßenkreuzung. An dieser Stelle geht es geradeaus zunächst abwärts ins Tal der Alz und nach der Höllthal-Mühle aufwärts zu einer Kreuzung. Wir fahren geradeaus und erreichen nach gut einem Kilometer eine Querstraße, der wir rechts zum Gasthof Roiter folgen.

Vom Gasthof führt eine überwachsene Wegspur zur nahen Alzfähre. Jenseits kurz die Treppe hoch zu einem Feldweg und auf ihm nach links zu einer Teerstraße. Wir folgen ihr rechts bis zu einer Querstraße, auf die wir am Friedhof von Altenmarkt treffen. Rechts hoch kann man den nahen Parkplatz von Kloster Baumburg erreichen. Wir halten uns jedoch links und folgen der Laufenauer Straße, bis wir in Altenmarkt auf die B 304 treffen. Auf ihr 100 Meter nach rechts und dann links zurück zum nahen Bahnhof Altenmarkt.

Guten Appetit

Etwas ganz Besonderes ist für jeden Radler die kleine Alzfähre, mit deren Hilfe man kurz vor Ende der Tour den rauschenden Fluss überquert. Der Fährbetrieb richtet sich nach den Öffnungszeiten des Gasthofs Roiter, in dem man auch eine weltabgeschiedene Einkehr findet. Bayrische Schmankerl und Baumburger Klosterbier sorgen für das leibliche Wohl. Montag und Dienstag ist Ruhetag, also auch kein Fährbetrieb! Man sollte gerade mit schweren E-Bikes bedenken, dass das Rad ins Boot gehoben werden muss. Es gibt keine feste Gebühren, aber einige Euro Trinkgeld sind je nach Größe der Gruppe sicherlich nicht zu viel (Tel. 08621/7387, www.roiter.de).

Beim Gasthof Roiter setzt man mit einer Fähre über die Alz.

27 Von Siegsdorf in die Chiemgauer Berge

In den Tälern von Roter und Weißer Traun

schwer | 33 km | 300 Hm | 3.00 Std.

Highlight: Naturparadies

Ausgangs- und Endpunkt
Bahnhof von Siegsdorf

GPS
47.8208 N, 12.6467 O

Anfahrt
Bahn: Siegsdorf liegt an der Bahnlinie von Traunstein nach Ruhpolding.
Auto: Siegsdorf liegt nahe der A8 südlich der Anschlussstelle Traunstein/Siegsdorf.
Parkmöglichkeit: Begrenzte Parkmöglichkeiten rund um den Bahnhof Siegsdorf

Tourencharakter
Die Route verläuft auf wenig befahrenen Nebenstraßen und verkehrsfreien Rad- und Wirtschaftswegen. Geteerte Wegstrecken werden immer wieder von unbefestigten, aber gut zu befahrenden Abschnitten unterbrochen. Zwischen Inzell, Ruhpolding und Hörgering sind einige längere und in kurzen Abschnitten auch steilere Anstiege zu überwinden, die übrige Strecke ist nahezu steigungsfrei.

Radkarte
ADFC-Regionalkarte 1:75 000, Blatt Chiemgau

Bademöglichkeiten
Keine

Information
Touristinfo Siegsdorf, Tel. 08662/498745, www.siegsdorf.de
Touristinfo Ruhpolding, Tel. 08663/88060, www.ruhpolding.de

Bei Siegsdorf vereinen sich die beiden Quellflüsse der Traun, die uns einen Weg durch die Bergwelt der Chiemgauer Alpen öffnen. Der Hinweg führt uns entlang der Roten Traun über Inzell nach Ruhpolding, zurück nach Siegsdorf geht es durch das Tal der Weißen Traun.

Im Tal der Roten Traun Vom Bahnhof Siegsdorf radeln wir rechts zur Vorfahrtsstraße und auf ihr wenige Meter nach links zur Hauptstraße, der wir nach rechts folgen. Nach kurzer Fahrt geht es links in die Marienstraße und dann rechts in die Theresienstraße. Geradeaus gelangen wir zu einem Metallsteg, auf ihm fahren wir über die Traun und nach dem Brückchen rechts in den schmalen Schwimmbadweg. Er führt

Im Tal der Roten Traun dringen wir tief in die Chiemgauer Berge ein.

unter der Autobahn hindurch zum Siegsdorfer Freibad. Wir überqueren rechts auf einem Metallsteg die Weiße Traun und schwenken am folgenden Parkplatz links auf einen Kiesweg. An der Roten Traun entlang geht es unter der B 306 hindurch und dann auf schmaler Teerstraße zu einer Kreuzung. Links zur Vorfahrtsstraße, auf ihr kurz nach rechts und danach geradewegs in eine Nebenstraße. Sie führt bald rechts unter der A8 hindurch. Bei St. Johann überqueren wir eine Vorfahrtsstraße und radeln auf der Mühlenstraße an der Mühle St. Johann vorbei nach Heutau.

Vor dem Gasthof Heutau schwenkt unser Weg links auf eine etwas breitere Straße. Nach 500 Metern folgen wir den Radwegweisern links über die Rote Traun und biegen nach wenigen Metern hinter einer alten Mühle rechts auf einen Kiesweg ein. Er führt uns im Tal der Roten Traun nach Hammer. Wir radeln geradewegs durch das Dorf und in einer Unterführung unter der B 306 hindurch zu einer Nebenstraße, der wir geradeaus folgen. Nach einem Kilometer, vor der Traunbrücke, geht es links Richtung Inzell und nach weiteren zwei Kilometern in Wien auf dem Vorfahrtssträßchen nach rechts. Nach kurzer Strecke biegen wir vor der Roten Traun links in einen Kiesweg ein. Wir radeln nun geradewegs nach Niederachen.

An der Kirche von Inzell gönnen wir uns eine Pause.

Oberbayern-Erfahrung: Blick in die Erdgeschichte

Die Chiemgauer Alpen sind ein Teil der Nördlichen Kalkalpen. Ein Großteil der Gesteine wurde vor gut 200 Millionen Jahren in der Epoche des Trias in einem tropischen Meer abgelagert und später im Zuge der Alpenbildung emporgehoben. Während dieser Hebung entstanden Risse, die durch Erosion zu Talfurchen geweitet wurden. Die Täler wurden schließlich in der Eiszeit von den Gletschern tief und breit ausgehobelt. Hier fanden Menschen Siedlungsgebiete und so können wir heute den herrlichen Mix aus grünen Weiden, malerischen Höfen und Dörfern, dunklen Wäldern und schroffen Bergflanken genießen. Und die Täler von Roter und Weißer Traun eröffnen uns einen vergleichsweise einfachen Weg durch die Bergwelt der Chiemgauer Alpen.

Einen anschaulichen Überblick über die geologischen Vorgänge der letzten 250 Millionen Jahre erhält man im sehenswerten Naturkunde- und Mammut-Museum Siegsdorf. Und man kann hier das größte und vollständigste jemals in Europa entdeckte Skelett eines Mammuts bestaunen. Es wurde in der Nähe von Siegsdorf gefunden. Das Tier lebte vor 45 000 Jahren und hatte eine Schulterhöhe von 3,60 Metern. Gemeinsam mit den Knochen weiterer Urzeittiere wie Höhlenlöwe und Riesenhirsch, auf die man bei den Grabungen stieß, bildet es den Mittelpunkt des Museums (täglich geöffnet von 10–18 Uhr).

Inzell liegt in einer weiten Talmulde am Fuß des Zwiesels.

Über den Berg nach Ruhpolding Vor der Kirche folgen wir der Vorfahrtsstraße nach rechts (links ist ein Abstecher nach Inzell möglich) und biegen nach 500 Metern rechts in die Froschseer Straße ein. Jetzt geht es steil aufwärts zur Kesselalm und dort an der Gabelung links zur Kapelle von Oberhausen. Wir biegen hier rechts in ein schmales Sträßchen ein, das nach einem Bauernhof in eine unbefestigte Forststraße übergeht. Sie führt uns gut beschildert anfangs bergauf und dann abwärts zu einer Vorfahrtsstraße am Ortsrand von Ruhpolding. Rechts liegt das Gasthaus Beim Häusler.

Wir fahren aber kurz nach links und danach rechts in eine schmale Teerstraße. Nach 250 Metern rechts über den Bach und auf dem Dammweg am Golfplatz vorbei abwärts. Zwei Straßen werden überquert und wir erreichen geradewegs das Ufer der Weißen Traun. Der Weg schwenkt nach rechts und bei erster Gelegenheit überqueren wir auf einem Holzbrückchen den Fluss. Am Westufer halten wir uns rechts und folgen dem Traun-Alz-Radweg flussabwärts. Nach einem Kilometer erreichen wir eine Teerstraße, auf der man links einen Abstecher in das Ortszentrum von Ruhpolding unternehmen kann. Die barocke Pfarrkirche begeistert mit prachtvoller Rokokoausstattung, einem gotischen Kruzifix von 1420 und der berühmten romanischen Madonna von Ruhpolding aus dem 12. Jahrhundert.

Im Tal der Weißen Traun zurück nach Siegsdorf Nach dem Abstecher radeln wir über die Brücke zum rechten Ufer der Weißen Traun und biegen dort links in einen schönen Kiesweg ein, der uns zwischen dem Fluss und einem Kanal flussabwärts führt. Nach gut einem Kilometer erreichen wir im Wald eine Wegkreuzung, von der wir über den Kanal zur nahen Straße radeln. Auf ihr fahren wir links den anstrengenden Berg hinauf und dann geradewegs nach Untermiesenbach. Vor dem letzten Hof halten wir uns an der Gabelung links und lassen die Räder auf schmalem Sträßchen abwärtsrollen. Im Wald wechseln wir rechts auf die mit Radwegweisern ausgeschilderte Kiesstraße und fahren vorsichtig den steilen Berg zur Weißen Traun hinab. Im Auf und Ab geht es weiter nach Hörgering. Wir radeln links am Dorf entlang zu einer Querstraße. Auf ihr nach links und bald auf der Bergstraße abwärts nach Eisenärzt. Wir folgen der Hauptstraße nach rechts, biegen kurz vor dem Ortsende nach links ab und überqueren auf einem überdachten Brückchen die Weiße Traun. Wir biegen rechts in den Salinenweg ein, radeln am Fluss entlang bis zur nächsten Querstraße, auf ihr kurz nach links und nach der Bahnlinie nach rechts. Nach kurzer Fahrt wechseln wir geradewegs auf einen Kiesweg, der dem Flusstal folgt. Am Ortsrand von Siegsdorf erreichen wir eine Querstraße, überqueren rechts den Fluss und biegen nach der Brücke wieder links auf einen Kiesweg ab. Wir treffen bald auf die viel befahrene Staatsstraße, fahren wenige Meter nach links und biegen dann rechts in die Bahnhofstraße ein, die uns geradewegs zum Bahnhof Siegsdorf zurückbringt.

Guten Appetit

Nach gut der Hälfte der Tour hat man sich in Ruhpolding wahrlich eine Pause verdient. Gleich am Ortsrand führt uns die Tour nahe an dem mit herrlicher Panoramalage gesegneten Gasthaus Beim Häusler vorbei. Die Wirtschaft ist in einem ehemaligen Bauernhaus untergebracht, das auf eine über 400-jährige Geschichte zurückblicken kann. Mit dem herrlichen Blick auf den Talkessel von Ruhpolding und in die Chiemgauer Berge schmecken die Brotzeiten und die leckeren bayerischen Schmankerl noch mal so gut (Mi Ruhetag, Tel. 08663/41 93 19, www.beimhäusler.de).

28 Im Hügelland bei Laufen

Stille Moore und ein warmer Badesee

mittel | 42 km | 210 Hm | 3.45 Std.

Highlight: Naturparadies

Ausgangs- und Endpunkt
Bahnhof am westlichen Ortsrand von Laufen

GPS
47.9336 N, 12.9228 O

Anfahrt
Bahn: Laufen liegt an der Bahnlinie Mühldorf–Freilassing.
Auto: Laufen liegt im Salzachtal an der B 20 und ist von der A 8 über die Ausfahrt Bad Reichenhall zu erreichen.
Parkmöglichkeit: Am Wanderparkplatz Schönramer Filz nordöstlich von Schönram an der St 2103 und am Abtsdorfer See

Radkarte
ADFC-Regionalkarte 1:75 000, Blatt Chiemgau

Tourencharakter
Vor Schönram und vor Laufen verlaufen längere Abschnitte auf Kieswegen, auf der übrigen Strecke großteils auf geteerten Nebenstraßen und Radwegen. Abgesehen von zwei etwas längeren Anstiegen vor dem Bahnhof in Laufen und bei Kulbing führt die Strecke in sanftem Auf und Ab durch das Alpenvorland. Großteils verläuft die Route auf verkehrsfreien Wirtschaftswegen oder verkehrsarmen Nebenstraßen, lediglich in Laufen und vor Schönram kurze Abschnitte auf stärker befahrenen Straßen.

Bademöglichkeiten
Am Abtsdorfer See

Information
Touristinfo Laufen, Tel. 08682/898749, www.laufen.bayern

Von der alten, malerisch in einer Salzachschleife gelegenen Handelsstadt Laufen führt uns diese Tour in eine von den Gletschern der Eiszeit geprägte Landschaft. Sie hinterließ die Becken, in denen malerische Seen und weltabgeschiedene, artenreiche Moore liegen.

Durch das Schönramer Filz Vor dem Bahnhof Laufen radeln wir auf der Bahnhofstraße rechts zur vorfahrtsberechtigten Teisendorfer Straße und auf ihr rechts unter der Bahnlinie hindurch. Nach kurzer Strecke biegen wir rechts in die nach Kulbing ausgeschilderte Lindenstraße. Bald führt sie uns an einem malerischen alten Bauernhof vorbei und an einer Gabelung links haltend nach Biburg. Wir radeln an den folgenden Kreuzungen geradeaus, bis wir auf eine Querstraße treffen, die rechts nach Kirchanschöring ausgeschildert ist. Unterhalb von Kulbing mühen wir uns einen Anstieg hinauf. Nach einem Waldstück

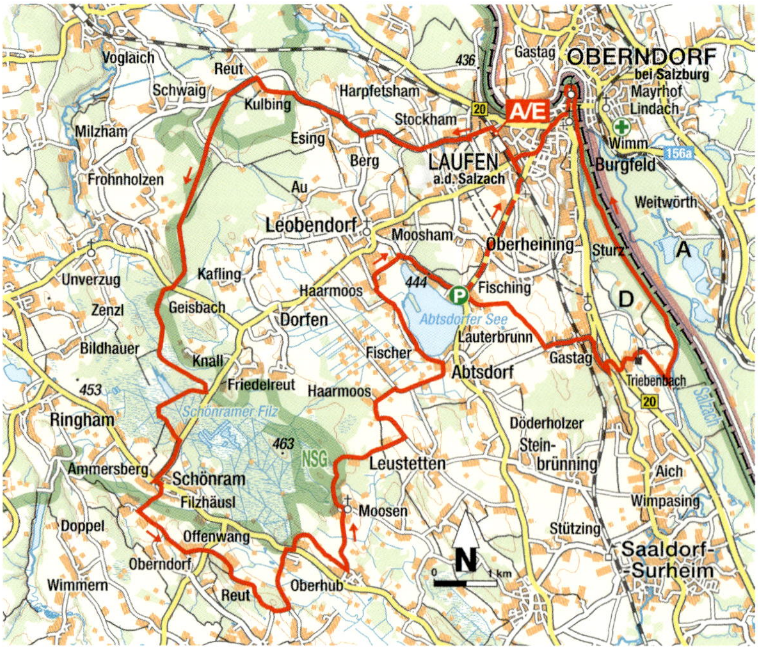

Das Schönramer Filz bietet seltenen Pflanzen und Tieren ein Rückzugsgebiet.

zweigt rechts die als Radweg-Salzhandelsweg ausgeschilderte Straße nach Pölln und Hof ab. Wir radeln hier jedoch geradeaus und biegen 500 Meter danach links in einen breiten Forstweg ein. Wir folgen jetzt immer geradewegs dem Hauptweg, bis wir nach 2,5 Kilometern eine Teerstraße erreichen.

Es geht geradewegs über die Straße und nun gemeinsam mit dem Mozart-Radweg durch ein aufgeforstetes Moorgebiet, bis wir nach 2,5 Kilometern kurz vor der Hauptstraße einen großen Wanderparkplatz erreichen. Wir fahren im Rechtsbogen über den Parkplatz in einen Forstweg, der uns zum herrlichen Moorsee im Herzen des Schönramer Filzes bringt. Der Weg knickt kurz nach dem See nach links und vorbei an Aussichts- und Informationspunkten radeln wir geradewegs zur Hauptstraße. Rechts erreichen

Guten Appetit

Am Südrand des Schönramer Filzes liegt das Brauereidorf Schönram. Seit mindestens 500 Jahren besteht hier eine Wirtschaft und wohl ebenso lange wird hier schon Bier gebraut. Seit 1780 ist die Brauerei im Familienbesitz und selbst die Kirche im Ort wurde extra für die Angestellten der Brauerei erbaut. Neben der urigen historischen Schwemme im Bräustüberl ist vor allem der Biergarten ein beliebtes Ziel für hungrige Radler. Nach einer Brotzeit und einem der hochgelobten Schönramer Biere kann man die zweite Hälfte der Tour gemütlich in Angriff nehmen (Mi Ruhetag, Tel. 08686/271, www.braeustueberl-schoenram.de).

wir nach 700 Metern die Kreuzung vor der Brauerei in Schönram mit dem gemütlichen Bräustüberl.

Zum Abtsdorfer See Wir radeln an der Kreuzung vor der Brauerei Schönram auf der Hauptstraße nach links und nach 100 Metern rechts in das Sträßchen nach Englham. Nach der Sur geht es aufwärts zu einer Querstraße, die uns links nach Offenwang bringt. Wir lassen dort die Räder links zu einer Vorfahrtsstraße hinabrollen, die geradewegs überquert wird. In Reut geht das Sträßchen in einen Kiesweg über, der uns über einen bewaldeten Hügel zu einer Pflasterstraße bringt. Auf ihr radeln wir links hinab (bis zum Abtsdorfer See nun die Wegweiser des Rupertiwinkel-Radwegs), an der nächsten Kreuzung wieder nach links und über die Sur zur Landstraße. Auf ihr geht es 100 Meter nach rechts und anschließend links in ein Nebensträßchen. Nach kurzer Fahrt vor dem Hof Mostwastl fahren wir rechts auf einen Kiesweg, der nach links knickt und uns zu einer Wegkreuzung hinaufführt. Wir halten uns rechts und radeln auf einem Hügelkamm, der eine fantastische Aussicht bis hin zum Dachsteinmassiv und zum mächtigen Watzmann bietet, zu einer Kreuzung am Ortsrand von Schign. Wir fahren links nach Moosen und halten uns dort an der Weggabelung Richtung Abtsdorfer See erneut links. Auf schmalen Teersträßchen

Oberbayern-Erfahrung: Die Tierwelt im Moor

Diese Tour führt uns durch eine vom eiszeitlichen Salzachgletscher geprägte Landschaft. Er hinterließ Senken, in denen heute Seen und Moore liegen. Das Schönramer Filz – Filz ist ein bayerisches Wort für Moor – ist ein verlandeter Teil des Waginger Sees. Mit einer Fläche von 500 Hektar ist es eines der größten Hochmoore im südöstlichen Bayern. Über Jahrzehnte wurde das Moor entwässert und großflächig Torf abgebaut. Heute steht das Moor, das von einem Moorlehrpfad erschlossen wird, unter Naturschutz. In einer ehemaligen Torfabbaugrube liegt nach der Wiedervernässung der malerische Große Moorsee. Zahlreiche Tier- und Pflanzenarten machen das Moor zu einem bedeutenden Naturreservat und mit etwas Glück kann man sogar Schwarzstörche beobachten.

Unser Weg führt uns weiter zum Abtsdorfer See, einem der wärmsten Badeseen in Oberbayern. Zusammen mit dem südwestlich anschließenden Haarmoos bildet er ein Naturschutzgebiet von herausragender Bedeutung. Vor allem das Haarmoos ist ein artenreiches Feuchtgebiet, in dem Wiesenbrüter eines der letzten Rückzugsgebiete finden. Von der Aussichtsplattform kann man während der Brutzeit im Frühjahr und Frühsommer seltene Arten wie Wachtel, Kiebitz und Großen Brachvogel beobachten.

radeln wir im Auf und Ab zu einer Querstraße bei Leustetten. Hier bietet sich wieder ein herrlicher Blick zu den Berchtesgadener Bergen mit Watzmann und Hochkalter. Links führt uns die schmale Straße über Isselau und Haarmoos zu einer weiteren Querstraße, der wir nach rechts folgen. An der Kreuzung kurz

Der Abtsdorfer See gilt als einer der wärmsten Badeseen in Oberbayern.

Grüne Hügel, beschauliche Dörfer und die Berge der Chiemgauer Alpen

Im Schloss Triebenbach musizierte einst Wolfgang Amadeus Mozart.

vor dem Abtsdorfer See wenden wir uns links Richtung Haarmoos. Ein kurzer Anstieg führt uns auf einen Waldhügel und bald bietet eine Aussichtsplattform die Möglichkeit, im Haarmoos seltene Wiesenbrüter zu beobachten. Weiter folgen wir geradewegs dem Sträßchen, bis wir rechts auf den Seerundweg einbiegen können. Wir treffen auf eine Vorfahrtsstraße, an der entlang wir auf dem Radweg nach rechts fahren. Nach 400 Metern lockt rechts das Strandbad Abtsee mit seinen Badeplätzen und der kleinen Wirtschaft.

Zur Salzach und nach Laufen Vom Strandbad folgen wir weiter dem Radweg, der uns entlang der Straße vorbei am Freizeitgelände zu einer Kreisstraße bringt. Links führt auf dem Radweg eine Kurzvariante zurück zum Bahnhof Laufen. Wir überqueren aber die Hauptstraße und radeln durch Fisching kurz aufwärts ins nahe Thannberg. Geradewegs durch den Weiler auf einen nach Gastag und Thannhausen ausgeschilderten Wirtschaftsweg. Nach 500 Metern biegen wir rechts auf einen aussichtsreichen Querweg ab, der uns geradewegs zur Straße in Thannhausen führt. Wir halten uns links und lassen bald die Räder durch Gastag und unter der Bahnlinie hindurch zu einer Vorfahrtsstraße hinabrollen. Auf ihr fahren wir nach rechts und nach 500 Metern links ab nach Triebenbach (bis Laufen Wegweiser Mozart-Radweg und Rupertiwinkel-Radweg). Nach kurzer Strecke halten wir uns rechts und vor der B20 erneut rechts und radeln bald links unter der Bundesstraße hindurch nach Triebenbach.

Der Weg führt uns links um das Barockschlösschen herum, in dem Wolfgang Amadeus Mozart und seine Familie gern gesehene Gäste waren. An der folgenden Kreuzung biegen wir rechts auf einen Kiesweg ein und radeln zu einem Dammweg, dem wir nach links folgen. Er führt uns anfangs an einem Nebenarm der Salzach entlang und folgt danach dem breiten Hauptstrom bis nach Laufen. Wir bleiben immer so nahe wie möglich am Fluss und erreichen die historische Metallbrücke, die Laufen mit Oberndorf verbindet. Man könnte hier schon das Rad zum nahen Marienplatz hinaufschieben. Wir fahren jedoch geradeaus und umrunden die Halbinsel, auf der die Altstadt liegt. Bis zum Anschluss an Bayern Anfang des 19. Jahrhunderts war Laufen dank des Salzhandels auf der Salzach eine der wichtigsten Städte im Salzburger Kirchenstaat.

Vorbei an großen Kiesbänken erreichen wir schließlich den Europasteg. Wir biegen hier nach links ab, radeln durch das Untere Stadttor, das auch Almsches Tor genannt wird, und den Stadtberg hoch zur Rottmayrstraße. Links führt ein kurzer Abstecher zur eindrucksvollen frühgotischen Stiftskirche mit wertvollen Altären und Bildwerken im weiten Kirchenraum und einem malerischen Bogengang. Rechts erreicht man nach kurzer Fahrt den Marienplatz, der auch Marktplatz genannt wird. Er wird von alten Bürgerhäusern mit den typischen geschlossenen Fassadenfronten im sogenannten Inn-Salzach-Stil eingerahmt.

Wir biegen auf dem Platz rechts auf die Hauptstraße ab und folgen nach dem historischen Oberen Tor der B20 nach rechts. Nach 250 Metern fahren wir links in die nach Waging ausgeschilderte Teisendorfer Straße und auf der Vorfahrtsstraße aufwärts, bis wir vor der Bahnlinie rechts in die Bahnhofstraße einbiegen, die uns zurück zum Bahnhof Laufen bringt.

Auf dem Marktplatz im Salzach-Städtchen Laufen

29

Von Tittmoning zum Tachinger See

Stadtplatz, Burg und Bauernland

mittel | 35 km | 390 Hm | 3.00 Std.

Highlight: Sehenswürdigkeit

Ausgangs- und Endpunkt
Bahnhof Tittmoning-Wiesmühl

GPS
48.0622 N, 12.7674 O

Anfahrt
Bahn: Der Bahnhof Wiesmühl/Tittmoning liegt an der Bahnstrecke Mühldorf–Freilassing.
Auto: Tittmoning liegt zwischen Bad Reichenhall und Burghausen an der B 20. Bei Autoanreise beginnt man die Tour in Tittmoning oder an einer der Parkmöglichkeiten und ignoriert den Umweg zum Bahnhof.
Parkmöglichkeit: Verschiedene Parkmöglichkeiten rund um den Stadtplatz von Tittmoning, an der Burg Tittmoning und am Strandbad Tengling

Tourencharakter
Großteils schmale, verkehrsarme Nebenstraßen, kürzere Abschnitte auf Wirtschafts- und Radwegen. Die Tour führt in beständigem Auf und Ab durch das Hügelland westlich der Salzach, die Anstiege sind aber allesamt nicht allzu lang und anstrengend.

Radkarte
ADFC-Regionalkarte 1:75 000, Blatt Chiemgau

Bademöglichkeiten
Im Strandbad Tengling (Abstecher), im Strandbad Leitgeringer See (Abstecher)

Information
Touristinfo Tittmoning, Tel. 08683/700710, www.tittmoning.de

Diese Tour führt abseits der gängigen Touristenrouten durch einen wenig bekannten Teil Oberbayerns. Am Weg liegen ein bezauberndes Wallfahrtskirchlein und die altehrwürdige Salzachstadt Tittmoning, die mit dem herrlichen Stadtplatz und der mächtigen Burg beeindruckt.

Zur Wallfahrtskirche St. Coloman Vor dem Bahnhof fahren wir nach rechts und folgen nach kurzer Strecke links dem Radwegweiser Richtung Tittmoning. Nun geht es auf schmaler Straße zu einer Querstraße und links zu einer Kreuzung vor Holzhausen. Wir halten uns rechts und radeln vorbei am gotischen Kirchlein von Hof zu einer Kreuzung. Hier nach rechts und nach einem kurzen Anstieg nicht links dem Benedikt-Radweg folgend, sondern geradeaus weiter. Bald radeln wir über die Bahnlinie und treffen auf eine Vorfahrtsstraße. Auf ihr kurz nach links und dann rechts in die Schmidbergstraße, die ins Ortszentrum von Törring hochführt. Auf einer Querstraße fahren wir rechts zum nahen Dorfplatz, auf der rechten Seite des Platzes aufwärts und

Das Kirchlein St. Coloman begeistert durch seine Lage und seine Kunstwerke.

Von St. Coloman geht der Blick über den Tachinger See zu den Alpen.

dann rechts an der Kirche vorbei. Nun geradewegs auf der Seestraße aus dem Ort und auf schmaler Teerstraße auf die Berge zu. Nach 1,5 Kilometern treffen wir auf eine Querstraße, auf der wir nach rechts fahren. Bald steht links das herrlich gelegene spätgotische Wallfahrtskirchlein St. Coloman. Im meist verschlossenen Inneren verstecken sich hervorragende spätgotische Kunstwerke. Und wer eine Badepause einlegen will, der kann vom Gotteshaus einen Abstecher hinab zum Seebad Tengling unternehmen, das uns zu Füßen liegt.

Durch Bauernland zum Leitgeringer See Unser Weg führt aber auf der schmalen, aussichtsreichen Straße geradewegs am Hügelkamm entlang weiter. Kurz vor Tengling erreichen wir eine Kreuzung, an der wir nicht links zum Dorf hinabfahren, sondern gerade-

Guten Appetit

Kurz vor Tittmoning führt ein kurzer Abstecher zum Leitgeringer See. Dieser beliebte Naturbadesee bietet Erfrischung und Erholung für Jung und Alt. Und seit Neuestem findet man dort mit der Seegaststätte Wildfang eine hervorragende Einkehrmöglichkeit, die für jeden Geschmack das Richtige bereithält. Familie Holzhofer bietet von einfachen Brotzeiten und Snacks bis zu gehobener Küche alles an, was das Herz begehrt. Genau die richtige Stärkung nach dem Auf und Ab im Hügelland und einem Bad im See (Di und Mi Ruhetag, Tel. 08683/8919881, www.leitgeringer-see.de).

aus. Vor der Landstraße halten wir uns an der Kreuzung in Tengling-Thalwies rechts und radeln danach schräg über die Hauptstraße in ein Nebensträßchen. Im Weiler Mönchspoint geht es geradewegs auf einen Wirtschaftsweg und kurz steil aufwärts zu einem Teersträßchen, das uns rechts nach Haus bringt. Wir biegen links in die Landstraße ein und nach 300 Metern bei nächster Gelegenheit links in eine Nebenstraße. Bald radeln wir rechts um ein Kieswerk und sanft aufwärts zu einer Vorfahrtsstraße. Wir fahren wenige Meter nach links und biegen dann rechts auf eine zweispurige, aber wenig befahrene Nebenstraße ab. Nach gut zwei Kilometern zweigen wir links nach Ollerding ab.

Auf schmaler Straße radeln wir geradewegs vorbei an den stattlichen Höfen von Ollerding und nach dem Weiler an der Weggabelung nach links. Es geht aufwärts durch die Wiesen zu einem Querweg, auf dem wir links durch Bergham radeln. Vor den letzten Häusern des Weilers halten wir uns rechts und überque-

Oberbayern-Erfahrung: Tittmoning

Das Gebiet um Tittmoning war schon in frühgeschichtlicher und römischer Zeit besiedelt. Ende des 8. Jahrhunderts wurde die Stadt, die für die folgenden 1000 Jahre zu Salzburg gehörte, erstmals urkundlich erwähnt. Sehenswert ist neben der gotisch-barocken Pfarrkirche, in der man Gemälde von Cosmas Damian Asam bewundern kann, vor allem der wundervolle Stadtplatz, der sich zwischen Laufener und Burghauser Tor in die Länge streckt. Umgeben wird er von den Fassaden der im Inn-Salzach-Stil erbauten Bürgerhäuser mit ihren horizontalen Giebelwandabschlüssen. Besonders eindrucksvoll ist das Rathaus mit den goldenen Büsten römischer Herrscher an der 1711 gestalteten Prunkfassade. Über der Stadt ragt die mittelalterliche Burg der Salzburger Erzbischöfe auf, in der interessante Museen untergebracht sind. In 25 Räumen, die im Originalzustand des 17. Jahrhunderts erhalten sind, zeigt das Museum Rupertiwinkel seine umfangreichen Sammlungen zu Vor- und Frühgeschichte (darunter nahe der Stadtkirche entdeckte römische Mosaikböden), Volkskunst und vieles mehr. Im Gerbereimuseum wird nicht nur die Geschichte der Lederverarbeitung beleuchtet, sondern Besucher dürfen auch selbst Hand anlegen (geöffnet 1. Mai bis Anfang Oktober Mi–So 13–17 Uhr, www.tittmoning.de).

ren nach kurzer Fahrt geradewegs eine Vorfahrtsstraße. Im nahen Stetten folgen wir links haltend dem schmalen Vorfahrtssträßchen und erreichen bald Zaiselham. Geradewegs zur Gabelung am Ende des Weilers, an der wir rechts dem schmaleren Sträßchen folgen. Wir radeln über eine aussichtsreiche Kuppe zu einer Kreuzung, an der wir uns rechts halten. Nun fahren wir geradewegs nach Hainbuchreut und rechts um die Gebäude zu einem Wirtschaftsweg, der in den Wald führt. Dort folgen wir an der Kreuzung dem nach rechts schwenkenden Hauptweg, der sich durch den Wald schlängelt und bald die Bahnlinie überquert. Wenig später ist der Waldrand erreicht und auf

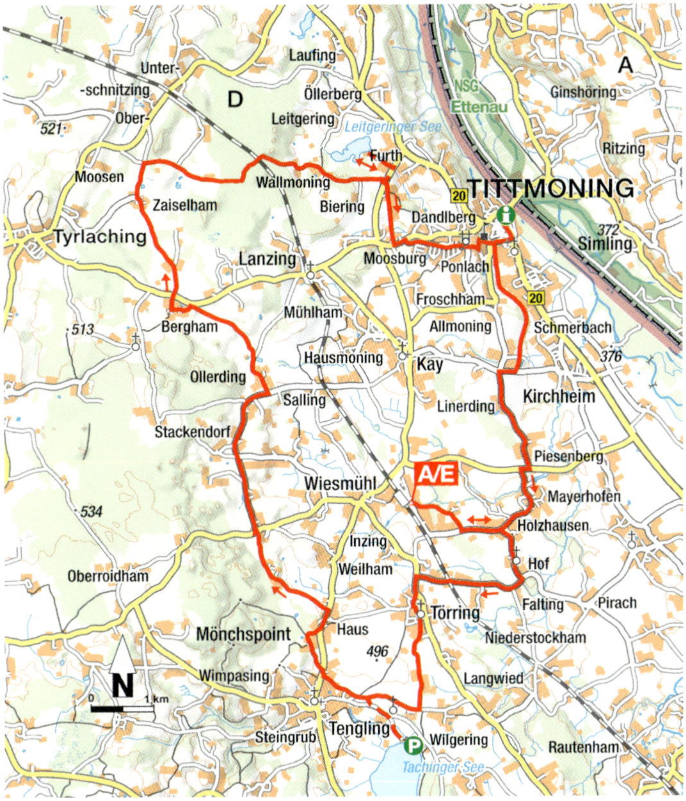

Die mächtige Burg Tittmoning ließen einst die Salzburger Fürstbischöfe erbauen.

Rechte Seite oben: Ein Brunnen bildet das Zentrum des weiten Stadtplatzes von Tittmoning.

Rechte Seite unten: Auf dem Burghof der mächtigen Burg Tittmoning

schmaler Teerstraße geht es zu einer Kreuzung hinab. Geradeaus führt uns das Sträßchen bis vor die viel befahrene Landstraße. Von hier kann man links einen Abstecher zum nahen Bad am Leitgeringer See unternehmen.

Zum Stadtplatz von Tittmoning Der Weiterweg nach Tittmoning führt jedoch kurz nach rechts und dann links über die Landstraße. Wir radeln geradewegs durch Diepling zu einer Vorfahrtsstraße. Jenseits folgen wir dem Radweg nach links. Nach kurzer Strecke knickt unser Radweg rechts in eine Nebenstraße, an der entlang wir durch Tittmoning-Ponlach radeln. Nach einem Kilometer endet der Radweg und 100 Meter weiter biegen wir links in einen Teerweg ein, der uns kurz steil abwärts zu einer Querstraße bringt. Vor uns liegt jetzt die mächtige Burg Tittmoning, die links haltend schnell erreicht ist. Der Weiterweg biegt aber kurz vor dem Burggraben rechts in das schmale Sträßchen Ponlach ab, das steil abwärts zu einer Vorfahrtsstraße leitet. Auf ihr fahren wir links zur B20 und links durch das Stadttor auf den Stadtplatz von Tittmoning.

Das Rathaus von Tittmoning ist mit den Büsten römischer Herrscher geschmückt.

Zurück zum Bahnhof Tittmoning-Wiesmühl Wir verlassen den Stadtplatz auf bekanntem Weg durch das Laufener Tor und

biegen nach kurzer Strecke rechts in die Traunsteiner Straße ein. Nach 300 Metern fahren wir links in den Zwieselweg und dann geradewegs auf einen Kiesweg. Auf ihm geht es sanft aufwärts, bis er nach gut zwei Kilometern an einer Teerstraße endet. Wir folgen ihr rechts hinauf und biegen nach 300 Metern links in eine Nebenstraße ein. Über Linerding und Gramsam radeln wir zu einer Vorfahrtsstraße, überqueren sie und folgen dem Radweg nach rechts. Nach kurzer Strecke biegen wir links in eine Nebenstraße ein, die uns zu einer Weggabelung bei Holzhausen bringt. Wer zurück zum Bahnhof Wiesmühl will, der folgt auf bekannter Route geradewegs der Radwegweisung zum Bahnhof Wiesmühl. Wer sein Auto an anderer Stelle geparkt hat, der folgt hier links dem weiter oben beschriebenen Weg nach Hof.

30 Rund um Altötting

In den Tälern von Alz und Inn

leicht | 44 km | 130 Hm | 3.45 Std.

Highlight: Sehenswürdigkeit

Ausgangs- und Endpunkt
Bahnhof von Altötting

GPS
48.2215 N. 12.6752 O

Anfahrt
Bahn: Altötting liegt an der Bahnnebenlinie, die von Mühldorf nach Burghausen führt.
Auto: Altötting liegt südlich der A 94 und ist über die Anschlussstellen Altötting und Neuötting schnell zu erreichen.
Parkmöglichkeit: Parkmöglichkeiten am Bahnhof Altötting und am Peracher Badesee

Tourencharakter
Diese einfache Tour führt großteils auf unbefestigten Rad- und Wirtschaftswegen, teils auf verkehrsarmen Nebenstraßen durch die Täler von Alz und Inn. Nur nach Emmerting und in Neuötting sind zwei kurze, steile Berge zu überwinden, die übrige Tour ist nahezu steigungsfrei. Mit etwas Verkehr ist lediglich in den Ortsgebieten von Altötting, Emmerting, Marktl und Neuötting zu rechnen.

Radkarte
ADFC-Regionalkarte 1:75000, Blatt Chiemgau

Bademöglichkeiten
Im Inntal am Peracher Badesee

Information
Wallfahrts- und Tourismusbüro Altötting, 08671/506219, www.altoetting.de

Auf stillen Wegen führt uns diese Runde durch die Täler von Alz und Inn. Am Weg liegen das Geburtshaus von Papst Benedikt XVI. in Marktl und die beeindruckende Altstadt von Neuötting. Höhepunkt ist allerdings die berühmte Gnadenkapelle in Altötting mit der »Schwarzen Madonna«.

Durch den Öttinger Forst und das Alztal nach Marktl Vor dem Bahnhof Altötting radeln wir nach rechts und folgen nach kurzer Fahrt der nach links abknickenden Traunsteiner Straße. An der nächsten Kreuzung rechts in die Burghauser Straße und bald auf dem Radweg geradewegs über einen Kreisverkehr und kurz darauf rechts haltend auf einem Brückchen über die Landstraße. Nach wenigen Metern biegen wir auf dem zweiten Kiesweg nach rechts ab. Nach 800 Metern fahren wir an einer Kreuzung nach links und nach weiteren 900 Metern rechts haltend auf die Alte Poststraße. Sie führt uns geradewegs durch

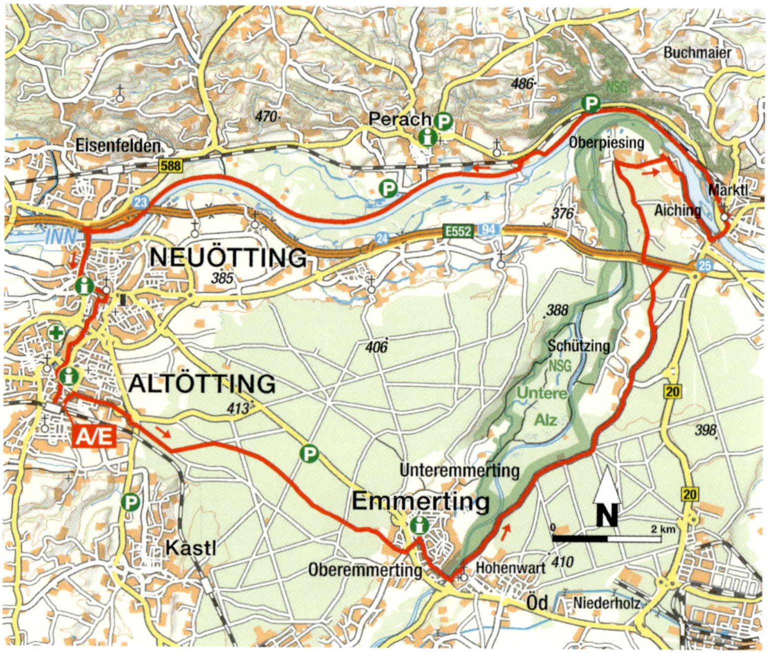

schattigen Mischwald nach Emmerting. Wir fahren geradeaus durch den Ort bis zu einer Vorfahrtsstraße und auf ihr links unter der Landstraße hindurch ins Ortszentrum.
Wir folgen hier der Radwegweisung nach Marktl rechts auf die Hauptstraße und treffen am Ortsrand nach der Alzbrücke auf eine Vorfahrtsstraße. Auf ihr links kurz steil aufwärts und nach dem Gasthof Schwarz links haltend auf die Alte Poststraße. Nach wenigen Metern setzt der Teerbelag aus und bald führt uns das nach Marktl ausgeschilderte Kiessträßchen in die beschaulichen Wälder des Naturschutzgebiets Unteres Alztal. Wir radeln immer geradewegs am steil abfallenden Talhang entlang und überqueren nach fünf Kilometern geradewegs die nach Schützling hinabführende Straße. Nach weiteren 1,5 Kilometern folgen wir links haltend der Beschilderung des Alzradwegs und treffen bald auf eine schmale Teerstraße. Auf ihr rechts bis vor die A94 und auf der parallel zur Autobahn verlaufenden Straße nach links. Nach 500 Metern radeln wir auf einem Kiesweg rechts unter der Autobahn hindurch und auf einem guten Forstweg geradewegs bis zum Weiler Oberpiesing. Wir folgen dem schmalen Sträßchen nach rechts, das uns zur Innbrücke führt. Auf ihr links über den breiten Fluss und nach der Brücke halb links in die Innstraße, die uns ins Ortszentrum von Marktl führt.

Guten Appetit

Überquert man in Altötting den Mörnbach, trifft man vor dem Anstieg zum Kapellplatz auf die Kapuzinerstraße. Folgt man ihr nach links, erreicht man nach gut 100 Metern den Gasthof Andechser im Schex. Das kurze Schiebestück auf der Einbahnstraße wird mit einem schönen, von alten Kastanien beschatteten Biergarten belohnt. Ein wenig abseits vom Rummel auf dem Kapellplatz schmecken am Ende der Radtour die bayerischen Spezialitäten und das gute Andechser Bier ganz besonders gut (täglich geöffnet, Tel 08671/92640, www.altstadthotel-schex.de).

Am Inn entlang nach Neuötting

Am oberen Ende des Marktplatzes biegen wir vor dem Geburtshaus von Papst Benedikt XVI. links in die Schulstraße ein, die am Ortsrand auf eine Vorfahrtsstraße trifft.

Im Innstädtchen Marktl wurde Papst Benedikt XVI. geboren.

Die mächtige gotische Stadtkirche beherrscht den Stadtplatz von Neuötting.

Auf ihr nach rechts und wenige Meter vor der Bahnstrecke den Schildern des Innradwegs folgend links auf einem Kiesweg hinab zum Inn. Nun fahren wir unterhalb des Naturschutzgebiets Innleite, ein imposantes ehemaliges Steilufer des Inns mit Wänden und Schluchten, immer am Inn entlang flussaufwärts. Nach vier Kilometern geht es im Bogen teils auf schmalem Weg um das Flusskraftwerk Perach herum zurück zum Innufer. Bald führt uns der Innradweg am schönen Badesee von Perach vorbei. Durchwegs so nahe wie möglich am Inn radeln wir auf Neuötting zu, dessen mächtige gotische Kirche bald vor uns aufragt. Der Weg führt uns unter der A94 hindurch, um die Innstaustufe Neuötting herum und unter einer Straßenbrücke hindurch. Nach wenigen Metern radeln wir scharf links zur

Oberbayern-Erfahrung: Neuötting und Altötting

1224 wurde Neuötting gegründet, um die Warenströme auf dem Inn besser kontrollieren zu können. Zentrum der Altstadt ist der von stolzen Bürgerhäusern und dem gotischen Rathaus eingefasste Stadtplatz. Alles überragendes Bauwerk ist die mächtige gotische Stadtpfarrkirche mit ihrem weithin sichtbaren, 78 Meter hohen Turm.

Abschluss und Höhepunkt unserer Tour ist der berühmte Wallfahrtsort Altötting. Im 8. Jahrhundert wurde Altötting Herzogs-Pfalz der Agilolfinger und anschließend karolingische Königspfalz. Aus dieser Zeit stammt auch der älteste Teil der Gnadenkapelle, die achteckige Taufkapelle. Sie beherbergt in einem prunkvollen Schrein die »Schwarze Madonna« von Altötting, zu der alljährlich einige Millionen Gläubige pilgern. Die frühgotische, von Kerzenrauch geschwärzte Figur wurde nach zwei Heilungswundern im 15. Jahrhundert Ziel der wichtigsten Wallfahrt in Bayern. Die Gnadenkapelle mit ihrem gotischen Erweiterungsbau, in dem man auch die silbernen Wittelsbacher Herzurnen bestaunen kann, und mit dem mit tausenden Votivbildern geschmückten Umgang bildet das Zentrum des weiten Kapellplatzes. Eingerahmt wird der Platz von Prachtbauten aus unterschiedlichen Stilepochen. Neben der mächtigen gotischen Pfarrkirche gefällt vor allem die feine Barockfassade der Kirche St. Magdalena.

Brücke hoch. Auf ihr fahren wir über den Inn nach Neuötting und geradewegs auf dem Radweg zum Altstadtberg. Vor dem Anstieg folgen wir den Radwegweisern nach rechts und radeln links unter der Hauptstraße hindurch zur Frauenhoferstraße. Wir folgen ihr rechts aufwärts und erreichen nach einem Linksknick den Alten Stadtberg. Er führt rechts steil aufwärts zum lang gezogenen Stadtplatz von Neuötting.

Die Gnadenkapelle in Altötting ist das Ziel der bedeutendsten bayerischen Wallfahrt.

Auf stillem Weg nach Altötting Wir radeln, vorbei an der mächtigen Kirche und den alten, im Inn-Salzach-Stil erbauten Bürgerhäusern, über den Stadtplatz. 150 Meter nach dem eindrucksvollen Rathaus biegen wir rechts in die schmale Frauengasse ein und lassen nach kurzer Fahrt die Räder geradewegs über einen schmalen Weg zur Mühlgasse hinabrollen. Wir folgen ihr nach rechts und nach 150 Metern dem Radwegweiser links in die Möhrenbachstraße. Nach weiteren 500 Metern biegen wir rechts auf einen schmalen Kiesweg ab, der uns unter der Landstraße hindurch zu einer Weggabelung führt. Auf dem rechten Weg radeln wir am Mörnbach entlang und bald über einen kurzen Berg zu einem Kiesweg hoch. Auf ihm nach links bis zu einer Querstraße, wenige Meter nach links und dann rechts am Mörnbach entlang vor die Basilika St. Anna. Wir halten uns links und erreichen über den Bruder-Konrad-Platz und den Kapuzinerberg den Kapellplatz im Herzen von Altötting. Der Rückweg zum Bahnhof läuft rechts an der Gnadenkapelle vorbei und biegt dann rechts auf den Tillyplatz ab. An seinem Ende mit kurzem Links-rechts-Schwenk in die Bahnhofstraße, die uns geradewegs zurück zum Bahnhof Altötting bringt.

Für jeden Tag die richtige Tour

Nr.		Tour	Strecke	Höhenmeter	Dauer							
1	●	Im unteren Altmühltal	42 km	110 Hm	3.30 Std.	●	●	●	●		●	●
2	●	Rund um Neuburg	38 km	190 Hm	3.00 Std.	●		●	●			●
3	●	Im Norden von Pfaffenhof	42 km	380 Hm	4.00 Std.	●		●	●			●
4	●	Von Freising nach Moosburg	44 km	130 Hm	3.45 Std.	●	●	●		●	●	●
5	●	Rund um Markt Indersdorf	29 km	150 Hm	2.45 Std.	●	●	●	●			●
6	●	Zwischen Dachau und Oberschleißheim	43 km	90 Hm	3.30 Std.	●	●	●		●	●	●
7	●	Ampertal und Region Fürstenfeldbruck	35 km	240 Hm	3.00 Std.	●		●		●	●	●
8	●	Im Süden von Landsberg	38 km	240 Hm	3.30 Std.	●		●		●	●	●
9	●	Am Westufer des Ammersees	35 km	200 Hm	3.00 Std.	●		●		●	●	●
10	●	Von Raisting ins Ammertal	37 km	100 Hm	3.00 Std.	●	●	●		●	●	●
11	●	Von Schongau nach Steingaden	44 km	430 Hm	4.00 Std.	●		●	●		●	●
12	●	Von Oberammergau nach Linderhof	32 km	210 Hm	3.00 Std.	●	●	●		●		●
13	●	Bergseen bei Mittenwald	36 km	380 Hm	3.30 Std.	●		●		●	●	●
14	●	Durchs Murnauer Moos	44 km	100 Hm	3.30 Std.	●	●	●	●			●
15	●	Rundtour bei Benediktbeuern	30 km	50 Hm	2.15 Std.	●	●	●	●		●	●
16	●	Im Fünfseenland bei Herrsching	34 km	280 Hm	3.00 Std.	●		●		●	●	●
17	●	Am Ostufer des Starnberger Sees	38 km	200 Hm	3.15 Std.	●	●	●		●	●	●

Nr.		Tour	Länge	Höhenunterschied	Fahrzeit	Einkehr	kindergeeignet	Sehenswürdigkeit	viel Sonne	schattiger Weg	Baden	ÖPNV
18	●	Von Gauting ins Würmtal	29 km	160 Hm	2.30 Std.	●	●	●		●	●	●
19	●	Von Wolfratshausen nach Norden	44 km	190 Hm	3.45 Std.	●		●		●	●	●
20	●	Panoramarunde bei Bad Tölz	31 km	200 Hm	2.45 Std.	●	●	●	●		●	●
21	●	Im oberen Mangfalltal	40 km	290 Hm	3.30 Std.	●		●		●		●
22	●	Rund um das Tal der Glonn	37 km	220 Hm	3.15 Std.	●		●	●			●
23	●	Zwischen Bad Aibling und Rosenheim	52 km	80 Hm	4.15 Std.	●	●	●	●		●	●
24	●	Das Inntal bei Wasserburg	39 km	280 Hm	3.30 Std.	●		●	●		●	●
25	●	Zwischen Bad Endorf und Eggstätt	35 km	290 Hm	3.15 Std.	●		●		●	●	●
26	●	Von Altenmarkt zum Chiemsee	32 km	220 Hm	3.00 Std.	●	●	●	●		●	●
27	●	Von Siegsdorf in die Chiemgauer Berge	33 km	300 Hm	3.00 Std.	●		●		●		●
28	●	Im Hügelland bei Laufen	42 km	210 Hm	3.45 Std.	●	●	●		●	●	●
29	●	Von Tittmoning zum Tachinger See	35 km	390 Hm	3.00 Std.	●		●	●		●	●
30	●	Rund um Altötting	44 km	130 Hm	3.45 Std.	●	●	●		●	●	●

Piktogramme erleichtern den Überblick

Länge
Höhenunterschied
Fahrzeit
Einkehr
kindergeeignet
Sehenswürdigkeit
viel Sonne
schattiger Weg
Baden
ÖPNV

Nachwort

Seit nunmehr 30 Jahren bin ich unterwegs, um Oberbayern für zahlreiche Führer zu Fuß oder per Rad zu erkunden. Dass ich das Glück habe, in einer der schönsten Regionen weit und breit zu leben und zu arbeiten, ist mir bewusst. Und dass ich mit diesem persönlichen Urteil nicht ganz alleine stehe, lässt sich an den unzähligen Ausflüglern und Urlaubern ablesen, die alljährlich in diesem wundervollen Landstrich unterwegs sind.

Als gebürtigem Berchtesgadener standen bei mir in jungen Jahren die Berge im Mittelpunkt. Nach und nach hat sich der Radius aber ins Alpenvorland ausgeweitet. Hier habe ich die wundervolle Mischung aus grünen Hügelwellen und blauen Seen, aus malerischen Städten und alten Klöstern zu schätzen gelernt. Und schließlich wurde der Blick in das abseits der Touristenströme gelegene nördliche Oberbayern ausgedehnt. Hier kann man in aller Ruhe seine Runden drehen, wenn an schönen Wochenenden Menschenmassen das Alpenvorland stürmen. Malerische Städte, breite Flüsse oder die Hopfengärten der Hallertau besitzen ihre ganz eigenen Reize abseits des Oberbayern-Klischees. Es gibt also viel zu entdecken in der Landschaft zwischen den Alpen und dem Altmühltal. Auch ich bin immer wieder über die Vielfalt in Oberbayern überrascht, die je nach Jahres- und Tageszeit, je nach Wetter und Region immer wieder neue Aus- und Einblicke in die Landschaft und Kultur bietet.

Bernhard Irlinger

Zum Schluss noch eine Bitte: Ich würde mich sehr darüber freuen, wenn Sie Veränderungen, die Sie auf den Touren feststellen, dem Verlag mitteilen. So kann dieses Buch immer auf dem neuestem Stand bleiben und nachfolgenden Radlern die aktuellsten Informationen bieten.

Auf jeden Fall wünsche ich Ihnen erholsame und pannenfreie Touren, auf denen Sie die einzigartige Mischung aus Natur und Kultur genießen können, auf die Sie in allen Ecken dieser wundervollen Region stoßen werden. Viel Spaß beim Radeln in Oberbayern!

B. Irlinger

Register

Impressum

Verantwortlich: Dr. Johannes Abdullahi
Redaktion, Lektorat und Satz: mcp concept GmbH
Layout: Eva-Maria Klaffenböck
Repro: LUDWIG:media
Kartografie: Bruckmann Verlag GmbH, Heidi Schmalfuß
Herstellung: Alexander Knoll
Printed in Slovenia by Florjancic

★★★★★

Sind Sie mit diesem Titel zufrieden? Dann würden wir uns über Ihre Weiterempfehlung freuen. Erzählen Sie es im Freundeskreis, berichten Sie Ihrem Buchhändler, oder bewerten Sie bei Onlinekauf. Und wenn Sie Kritik, Korrekturen, Aktualisierungen haben, freuen wir uns über Ihre Nachricht an den Bruckmann Verlag, Postfach 40 02 09, D-80702 München oder per E-Mail an lektorat@verlagshaus.de.

Unser komplettes Programm finden Sie unter www.bruckmann.de

Alle Angaben dieses Werkes wurden von den Autoren sorgfältig recherchiert und auf den neuesten Stand gebracht sowie vom Verlag geprüft. Für die Richtigkeit der Angaben kann jedoch keine Haftung übernommen werden, weshalb die Nutzung auf eigene Gefahr erfolgt. Insbesondere bei GPS-Daten können Abweichungen nicht ausgeschlossen werden. Sollte dieses Werk Links auf Webseiten Dritter enthalten, so machen wir uns die Inhalte nicht zu eigen und übernehmen für die Inhalte keine Haftung.

In diesem Buch wird aus Gründen der besseren Lesbarkeit das generische Maskulinum verwendet. Weibliche und anderweitige Geschlechteridentitäten werden dabei ausdrücklich mitgemeint, soweit es für die Aussage erforderlich ist.

Empfehlung der Redaktion
Sie sind auf der Suche nach weiterführender Literatur? Dann empfehlen wir Ihnen den Titel *Deutschlands schönste Radfernwege* von Thorsten Brönner. Oder Sie werfen einen Blick in die Zeitschrift *Bergsteiger*. Hier werden Sie bestimmt fündig.

Bildnachweis:
Alle Bilder im Innenteil und auf dem Umschlag stammen vom Autor.
Umschlagvorderseite: An der Roten Traun (Tour 27)
Umschlagrückseite: Kloster Steingaden (Tour 11)

Die Deutsche Nationalbibliothek verzeichnet diese Publikation in der Deutschen Nationalbibliografie; detaillierte bibliografische Daten sind im Internet über http://dnb.d-nb.de abrufbar.

ISBN 978-3-7343-2078-1